U0962332

新时代
讲给
少年听

新时代讲给少年听

王炳林◎主编

共同的富裕

王晓广◎编著

中原出版传媒集团
中原传媒股份公司

大象出版社
·郑州·

前言

党的十八大以来，中国特色社会主义进入了新时代，这是我国发展新的历史方位。新时代取得新成就，新时代展现新面貌，新时代涌现新典型，新时代产生新故事。

为帮助当代青少年读懂新时代，我们以“小切口”阐述“大主题”，重点选择反映党的十八大以来，广大党员干部和各族人民群众在以习近平同志为核心的党中央领导下不懈奋斗、取得辉煌成就的典型案例和鲜活故事，以点带面，总结分析，分门别类编成八卷本丛书，依次为《飘扬的党旗》《美丽的中国》《大国的担当》《人民的江山》《创新的力量》《飞扬的梦想》《共同的富裕》《文化的自信》。每卷独立成书，连贯起来又构成一个整体，全景式、系统化展现新时代党和国家事业取得的历史性成就、发生的历史性变革。

在叙述方式和语言风格方面，我们努力贴近新时代青少年的阅读习惯、接受特点，以青少年喜闻乐见的新方式、新表达进行语言“编码”，用通俗易懂的文字和形象生动的图片，讲清来龙去脉，剖析前因后果，让青少年读起来犹如身临其境，以见证者和参与者的身份感受新时代的脉搏与荣光。

我们深知，一部好的作品既要告诉读者已发生的事实，更要告诉读者事实发生的背后原因，因此，我们在书中设计了相关栏目，融入了党的二十大精神、习近平总书记相关重要论述等内容，阐释了党的十八大以来我们面对种种风险挑战乃至惊涛骇浪，之所以能解决许多长期想解决而没有解决的难题，办成许多过去想办而没有办成的大事，根本在于习近平新时代中国特色社会主义思想的科学指引，在于以习近平同志为核心的党中央的坚强领导，有助于青少年更加深刻领悟“两个确立”的决定性意义。我们力图使新时代故事既有温度又有高度，有助于青少年从新时代的伟大变革中启迪智慧、砥砺品德，收获关于青春价值和人生方向的更多思考。

青少年朋友们，你们生逢盛世，新时代为你们开启了无限广阔的发展前景，搭建了人生奋斗的出彩舞台。习近平总书记这样寄语：“希望广大青年用脚步丈量祖国大地，用眼睛发现中国精神，用耳朵倾听人民呼声，用内心感应时代脉搏，把对祖国血浓于水、与人民同呼吸共命运的情感贯穿学业全过程、融汇在事业追求中。”希望这套丛书能够成为你们在青春赛道上奋力奔跑的一份精神食粮，激励你们在新征程上自觉将爱国之情、报国之志与精进学业、锐意创新相结合，用实干诠释新时代青年的责任与担当。我们相信，实现第二个百年奋斗目标新的赶考之路，你们定能写下不负党和人民的精彩答卷！

2023 年 8 月 20 日

目录

7 正确认识共同富裕 / 133

8 绘就共同富裕的新图景 / 153

习近平总书记在党的二十大报告中指出：“共同富裕是中国特色社会主义的本质要求，也是一个长期的历史过程。我们坚持把实现人民对美好生活的向往作为现代化建设的出发点和落脚点，着力维护和促进社会公平正义，着力促进全体人民共同富裕，坚决防止两极分化。”实现共同富裕，是中华民族自古以来的美好期盼，也是中国共产党始终不渝的奋斗目标。尤其是进入新时代以来，我们党开创性地提出一系列推动全体人民共同富裕的新理念、新思想和新战略，在走向共同富裕之路上取得了许多重大进展和历史性成就。

那么，什么是共同富裕，为什么要实现共同富裕？

走向共同富裕

01 千年期盼

“我们始终坚定人民立场，强调消除贫困、改善民生、实现共同富裕是社会主义的本质要求，是我们党坚持全心全意为人民服务根本宗旨的重要体现，是党和政府的重大责任。”

自古以来，实现生活富足安康始终是老百姓最朴素的愿望。比如说，《诗经》中讲的“民亦劳止，汔可小康”，就表达了两千多年前人们对美好物质生活的憧憬，对清明公正、安定和谐的社会政治环境的向往。再比如，《史记》也讲道：“治国之道，富民为始。”意思是说，治理国家的方法，首要的是使百姓富裕起来。在中国历史上，尽管历朝历代的当政者都不乏“富民”的想法，但由于受到生产力水平以及统治阶级自身的局限，人们共同富裕的理想不可能真正实现。

只有到了当代中国，只有在中国共产党领导下，才得以让共同富裕的梦想成为可能。那是为什么呢？因为中国共产党是一个代表人民利益，全心全意为人民服务的政党。我们党自成立那天起，就一直把为中国人民谋幸福、为中华民族谋复兴确立为自己的初心使命，并团结带领中国人民努力奋斗，实现了人民生活从温饱不足到总体小康的历史性跨越，开辟出新时代共同富裕的光明前景。

◎●◎ 昔日凉山苦

凉山彝族自治州位于四川省西南部，是四川省民族类别、少数民族人口最多的地区。受制于交通条件和产业结构等，当地经济社会发展滞后，生活在这儿的人民饱经封闭之苦、出行之难。“土墙草顶垒空房，三块石头围火塘；门前粪泥没双脚，屋内同住牛和羊”是当地特困彝族群众生活的真实写照。

◎●◎ 一步跨千年

党的十八大以来，当地政府在党中央的领导下实施了一系列脱贫致富的政策措施，大力推进公路建设，发展特色产

业，开发旅游资源，发展语言文化教育……这里的贫困面貌发生了历史性巨变。如今，走进凉山彝族自治州农户家中，院子里跑着鸡鸭鹅，圈里养着猪牛羊，田间地头硕果累累。西昌葡萄、会理石榴、雷波脐橙、盐源苹果、金阳青花椒等特色优质农产品，通过电商等各种渠道走上了城里人的餐桌，让大江南北的群众交口称赞。“一步跨千年”的凉山彝族自治州旧貌换新颜，实现了从贫穷落后到全面小康的历史性跨越。

西昌葡萄、会理石榴、雷波脐橙、盐源苹果、金阳青花椒等特色优质农产品

◎●◎ 富裕新跨越

万里征程力量积蓄，千年期盼一朝梦圆。“房屋破旧改三房，煮饭生火烧沼气，家家户户点农网，人背马驮通公路，缺水挑水安水管，生病发愁有医保，丧事喜事繁向简，吃饭洗脸送用品，出门打工有政策，火把之花遍地开，健康生活扑面来”一曲曲幸福歌谣，在凉山大地被久久传唱。

万里征程力量积蓄，千年期盼一朝梦圆

02 物质生活和精神生活都富裕

习近平总书记强调：“共同富裕是社会主义的本质要求，是中国式现代化的重要特征。我们说的共同富裕是全体人民共同富裕，是人民群众物质生活和精神生活都富裕，不是少数人的富裕，也不是整齐划一的平均主义。”

春秋时期齐国著名政治家管仲曾说：“仓廪实而知礼节，衣食足而知荣辱”，意思是老百姓粮食充足了才会懂得礼仪，吃穿不愁了才会知道荣辱，体现了物质生活和精神生活的密切关系。共同富裕，不仅包括人民物质生活共同富裕，也包括人民精神生活共同富裕，是人民群众物质生活和精神生活都富裕。特别是随着经济社会发展和人民生活水平提高，丰富的精神文化生活已成为衡量人民生活质量和幸福指数的重要尺度。

■ 农民大姐难掩丰收的喜悦

近年来，嘉兴市持续以高质量供给丰富群众文化生活，标志性文化成果更加丰硕。禾城文化复兴行动有力实施，子城遗址公园荣光再现，嘉兴市文化艺术中心、马家浜文化博物馆、嘉兴市图书馆二期等一批标志性文化基础设施建成开放，名人文化、运河文化、古镇文化等文化品牌进一步彰显……如今在嘉兴，“精神富有”已然成为“共同富裕”的最亮底色，成为检验共同富裕程度、衡量人民幸福指数的重要标尺。

秀洲“东方毕加索”

在有“中国现代民间绘画画乡”之称的嘉兴市秀洲区，一代代“东方毕加索”正运用丰富的想象、巧妙的构思、鲜艳的色彩来描绘着属于自己的幸福生活。

“现在很多老年人退休之后感到空虚，我却感到生活非常充实。当我创作出一幅作品，署上名字后，我由衷地感受到幸福和快乐。精神好了，身体也就好了。”坚持创作农民画20多年的浙江省非物质文化遗产项目（秀洲农民画）代表性传承人张金泉这样说道。张金泉老人是地地道道的胜丰村

“中国精神·中国梦”全国农民画创作展在中国美术馆开展

人，他汲取剪纸、刺绣、灶画等民间传统艺术，用水粉描绘家乡的民俗民风、田园风光、乡村趣事等，创作了“乡村工匠”“传统农作”“胜丰变迁”等10多个系列共1200多幅农民画作品。

◎●◎ 共同富裕的精神“嘉”园

在菱珑湾，农民画家缪惠新创作的《乡情》《七牛图》等多幅作品获大奖，曾在法国、美国、日本等地举办个人画展，一度登上美国《时代》周刊（亚洲版），被称为“东方毕加索”。秀洲区还有一支小有名气的“农民画十姐妹”团队，她们会种田，从来没学过绘画，但就是这10多位老姐妹通过自己的努力成功地用画笔将生活元素转化为艺术形式，成为秀洲农民画的一支闪亮队伍。新时代的美丽乡村，新时代的农民，从物质富裕到精神富有，“农民画十姐妹”用一支画笔，画山水、画变化、画幸福生活。

秀洲农民画色彩绚烂，体现着农村、农民生活的点点滴滴，极具浓郁的乡土气息。如今，秀洲农民画已多次走出国门，成为对外交流的“使者”，也成为了秀洲一张独特的亮丽名片，彰显出江南艺乡的独特魅力。

城里有乡下的田园牧歌，乡下有城里的富足便利，城乡差距越来越小。现在的嘉兴已率先实现“村村通公交”、义务教育均衡发展、城乡居民养老保险全覆盖、图书馆城乡全联网、县域医共体建设完毕，城乡差距越来越小。嘉兴让人深切感受到共同富裕就是钱包是鼓的，精神是快乐的，环境是优美的，社会是平安的，公共服务是优质均等的。经过多年改革实践，嘉兴逐步走出了一条实现共同富裕的道路。

03 以“人人奋斗”实现“人人享有”

当前，我国经济已经从高速增长阶段转向高质量发展阶段，发展不平衡不充分问题仍然突出，实现共同富裕的任务极为艰巨，这就需要大家携起手来，共同奋斗，只有人人参与、人人尽力，才能真正实现人人享有。

> 2005年6月13日，时任浙江省委书记的习近平在蚂蚁岛考察时指出，“老一辈创造的艰苦创业、敢啃骨头、勇争一流的蚂蚁岛精神，不但没有过时，还要继续发扬光大”。

2021年6月7日至9日，一部大型专题纪录片《蚂蚁岛的奋斗》在中央广播电视总台中文国际频道（CCTV-4）首播。这部纪录片生动地再现了蚂蚁岛渔民自20世纪50年代至今，特别是进入新时代以来艰苦创业、开拓进取的奋斗历程。

◎●◎ 艰苦创业的蚂蚁岛精神

提起蚂蚁岛，可能青少年朋友们并不太熟悉。不过，对于20世纪六七十年代出生的人来讲，也许都会有些记忆。20世纪80年代，一首歌唱人民海军的抒情歌曲《军港之夜》，曾经响彻大江南北，而这首歌就是军旅作家马金星在蚂蚁岛体验生活期间创作的。此外，蚂蚁岛号称“虾皮之乡”，我国大概80%的虾皮生皮加工都是来自这个小岛。

蚂蚁岛位于舟山群岛东南部，陆域面积不足3平方千米，相当于4个足球场大小，在广袤的东海里宛若一只蚂蚁，因此才有了“蚂蚁岛”这样一个名字。不过，蚂蚁岛面积虽小，但蚂蚁岛人却目光远大，有大海般宽广的胸怀和坚持不懈的奋斗精神。

蚂蚁岛一景

1950年，蚂蚁岛上的渔民生活极端贫困。但是，困难没有压倒蚂蚁岛人民，他们在政府的领导下，组织开展生产自救。全岛渔民群情振奋，掀起了一股自力更生、互帮互助、艰苦创业的热潮，成为全国人民学习的榜样。回忆起新中国成立初期渔民的艰辛，今年八旬有余的老渔民蒋回信情绪不免有些激动，往昔场景历历在目：一出海便要漂泊不定、常常面临淡水不足的困境、靠着简易的木船与大海斗智斗勇……“那时条件是真苦啊，但是为了养家糊口，也是没有办法！”困厄的环境、艰难的生活并没有压倒这里人们。为了筹集足够的买船钱，蚂蚁岛200多名妇女搓了12万斤草绳，换钱购买了“草绳船”。随后，村民们又自发捐献了450只铜火囱和金银首饰，购得另一艘大捕船“火囱船”。时光飞逝，蒋回信从渔民变成了船老大，挑起了一个家庭的重担，同时也见证着蚂蚁岛渔业的发展：小木船换成了机帆船，出海捕鱼从近海到了远洋……正是蚂蚁岛人民的勤劳能干、任劳任怨，才让这个曾经一穷二白的弹丸小岛变成全国渔区的先进典型。1958年9月，蚂蚁岛建立起全国第一个渔业人民公社——蚂蚁岛人民公社。从此，蚂蚁岛成为全国农村艰苦创业的典范，是中国渔业战线的一面旗帜。

◎●◎ 红色故事咏流传

集众小力，合众苦干，亦能成大事。从困境中走来的蚂蚁岛人身上，无不折射出“艰苦创业，敢啃骨头，勇争一流”的蚂蚁岛精神。

如何将这一精神发扬光大？为了更好地讲述蚂蚁岛故事，2018年，作为宣传、传承蚂蚁岛红色精神的重要阵地，蚂蚁岛精神红色教育基地正式启用。曾担任蚂蚁岛妇女主任的丁荷叶也换了另一个身份：蚂蚁岛精神红色教育基地讲故事队队长。从搓草绳到卖铜火囱集资造船，再到不畏艰苦建“三八”海塘，她忙着把蚂蚁岛妇女艰苦奋斗的经历、故事，一遍遍讲述给前来基地学习、考察的人们。红色教育体验线、廉政教育“警戒线”、造船体验工业线、特色海洋文化线、野外生存拓展线……在蚂蚁岛，如今已形成集参观、讲解、学习、互动功能于一体的红色教育培训闭环系统。

“这几年，来岛上游览、学习的游客络绎不绝，直接带动了我们餐饮店的生意。”曾是“三八”海塘建设时期开山采石队一员的邹吉叶，利用自家小院办起了渔家乐，从最初单打独斗到带着渔嫂们一起创业，渔家乐生意越做越红火。2019年，蚂蚁岛精神红色教育基地2.0版启动，红色旅游的

■ 青少年参观蚂蚁岛精神红色教育基地

配套服务也随之加码。蚂蚁岛码头对面爱琴海宾馆的经营户颜跃琴是加入渔家民宿“互助提升小组”的第一批商户。颜跃琴介绍，加入这一小组的宾馆、民宿使用的床上用品、洗漱用品等均参照相关标准配置，以便让旅客获得更好的游玩体验。“五一”假期期间，家住杭州的张先生一家专程来到蚂蚁岛旅游。在参观完蚂蚁岛精神红色教育基地后，他不禁感慨“孩子生活在富足、安逸的环境里，更需要认识可贵的蚂蚁岛精神，激励自我在逆境中不断成长。”

蓝色海洋中的艰苦创业、“啃”下来的绿色奇迹、红色精神的传承与发扬……而今，站在又一历史节点，再次回望蚂蚁岛奋进之路，在蚂蚁岛精神指引下，这座立于东海之上的“小蚂蚁”，早已整装待发，欲扬帆再起航！

◎●◎ 打造新时代的“幸福岛”

走过历史的辉煌，蚂蚁岛人取得了开发建设家乡的巨大成就；进入新时代，打造一座新时代的幸福之岛，成为蚂蚁岛人新的使命与梦想。

为谋求可持续发展的新出路，蚂蚁岛干部群众齐心协力、全力以赴，现已形成了均衡健康发展的产业结构。近海丰富的饭虾资源，让这座不甘落后的海岛，找到了转型的动力之源。随着不断整合升级，依托规模化的虾皮加工产业，蚂蚁岛又一次走到全国前列。国内80%的虾皮生皮加工，都来自这个面积仅有3平方千米的海岛。从昔日的第一个渔业人民公社，到灯围之乡，再到今日的虾皮之乡、船舶制造业重地、红色教育基地，一张张亮丽的名片承载着蚂蚁岛人继往开来的精神传承，承载着不变的初心与使命。在这片诞生《军港之夜》的热土，以人人奋斗实现人人享有的观念，已成为打造共同富裕示范岛的有力保障。2021年，蚂蚁岛精神被确定为红船精神引领下的浙江“红色根脉”之一，这使蚂蚁岛人迈向新征程的步伐更加坚定自信。

幸福都是奋斗出来的。从贫瘠到丰饶，从梦想到现实，在风雨历程中，蚂蚁岛人用奋斗将一种执着的力量注入海岛、融入血液。以“人人奋斗”实现“人人享有”，这是一座海岛的传奇，也是一部奋斗的史诗。东海之滨的这座海岛，海风飒然。蚂蚁岛的人民，也在劳作中开启新的一天，向着幸福出发，迎接着新的精彩、新的未来。新时代的蚂蚁岛人，必将继续在埋头苦干、拼命硬干中将奋斗精神发扬光大。

共同富裕是全面的共同富裕，包括政治、经济、社会、文化、生态等多方面。进入新时代以来，在以习近平同志为核心的党中央坚强领导下，中国经济实现了持续、稳定和健康发展，取得了令世人瞩目的新的成就，为进一步实现共同富裕提供了强大的物质基础。

雄厚的经济实力

01 坚实的物质基础

共同富裕是高层次、全方位的共同富裕，是收入水平更高、发展更均衡、保障更有力的共同富裕，而要想实现这个伟大梦想，需要我们有殷实的“家底”。新时代以来的十年，在以习近平同志为核心的党中央坚强领导下，中国经济实现了高质量发展，经济实力跃上了一个新台阶，为进一步实现共同富裕打下了坚实的物质基础。

大家可能会注意到，中央广播电视总台《新闻联播》推出了一个系列报道“中国这十年”，全面展现了新时代以来中国发展的成就。其中，有关经济发展的报道尤为引人关注和令人振奋。党的二十大召开前后，大会新闻中心举行了系列新闻发布会，细数了中国十年来经济建设的巨大成就。

◎●◎ 中国经济十连增

新时代以来，我国经济实现稳步十连增，总体经济实力跃上新台阶。我国经济总量由2012年的53.9万亿元增长到2021年的114.4万亿元，占世界经济的比重从11.3%上升到18.5%，稳居世界第二位。我国人均国内生产总值从3.98万元增长到8.1万元，接近了高收入国家门槛。近10年来，我国国内生产总值年均增长6.6%，居世界主要经济体前列，远高于2.6%的同期世界平均增速和3.7%的发展中经济体平均增速。同时，我国始终保持着世界第一大外汇储备国、第一大

2012—2021年我国经济实现稳步十连增

货物贸易国、第二大对外投资国的地位。中国对世界经济增长的平均贡献率达到了38.6%，超过七国集团国家贡献率的总和，成为世界经济增长的最大引擎。

除了以上这些数据，我国经济社会发展在各个领域都取得了骄人的成绩，可谓是“全面开花遍地红”。比如说我国的粮食生产，谷物总产量稳居世界首位，14亿多人口的粮食安全得到了有效保障，中国人真正做到把饭碗牢牢端在自己手里，而且装的是自己的粮食。我国工业产业这10年来也迅猛发展，制造业增加值从2012年的16.98万亿元增加到2021年的31.4万亿元，占全球比重从22.5%提高到近30%，持续保持世界第一制造大国地位，同时，我国也是目前全球唯一产业门类最齐全、产业体系最完整的国家。基础设施建设也表现不俗，截至目前，我国建成世界最大的高速铁路网、高速公路网，机场港口、水利、能源、信息等基础设施建设取得重大成就。截至2022年9月底，我国铁路营业里程达到15.3万千米，其中高速铁路为4.1万千米，超过世界其他国家高铁里程的总和。2021年年底，公路总里程达到528万千米，路网规模已位居世界前列。

10年来，我国加快推进科技自立自强，全社会研发经费支出从1万亿元增加到2.8万亿元，居世界第二位，研发人员

■ 10年来，我国加快推进科技自立自强

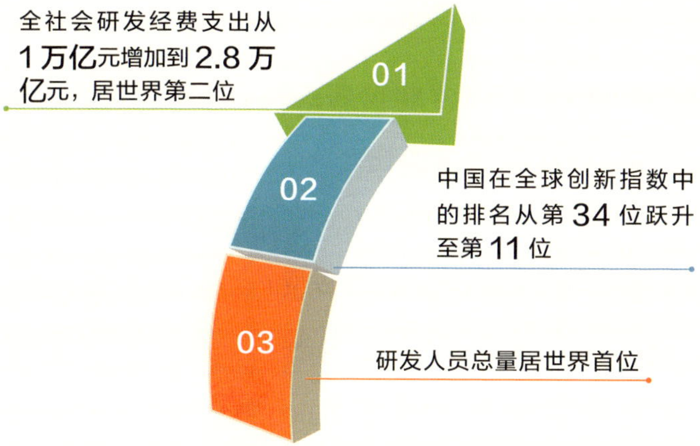

总量居世界首位。10年来，中国在全球创新指数中的排名从第34位跃升至第11位，基础研究和原始创新不断加强，一些关键核心技术实现突破，战略性新兴产业发展壮大，载人航天、探月探火、深海深地探测、超级计算机、卫星导航、量子信息、核电技术、大飞机制造、生物医药等取得了重大成果，真正进入了创新型国家行列。

◎●◎ 世界500强的中国企业

中国经济实力的强大，离不开农业、工业和服务业的巨大增长和贡献。其中，国有大中型企业更是起到了主导和领头羊的作用。2022年8月3日，《财富》杂志在其官网发布了最新世界500强排行榜，中国企业有145家上榜，上榜数量连续第4年位居各国之首，营业收入占所有500家上榜企业总营业收入的31%，首次超过了美国。

值得一提的是，在上榜的145家中国企业中，国有企业占到了近七成，排在前10位的世界500强企业中国企业占了4家，分别是国家电网有限公司、中国石油天然气集团有限公司、中国石油化工集团有限公司和中国建筑集团有限公司。此外，还有28家民营企业上榜，比如说大家熟悉的华为、京东、阿里巴巴、恒力、正威、腾讯、碧桂园……整体看，中央企业上榜数量相对稳定、发展质量不断提高，民营企业上榜数量稳步提升，充分展现出我国多种所有制经济相互促进、共同发展的基本格局。中国企业高质量发展成效显著，主动服务国家战略的意识进一步增强，抗风险能力进一步提升。

新时代以来的这10年，是中国企业可持续发展的黄金十年，企业发展环境和空间发生了根本性的变化：确立新发展理念、加速绿色低碳转型、助力社会繁荣进步，成为企业发展的主题。可以说，党的十八大以来，我国企业发生了根本性和全局性的重大变化，国有经济竞争力、创新力和控制力明显增强。从高铁飞驰、巨轮远航，到嫦娥揽月、北斗组网，再到港珠澳大桥、白鹤滩水电站……10年间，中国企业不断创新、不断突破，一大批重大科技成果、重大工程项目惊艳亮相，服务支撑国民经济持续健康发展、助力实现高水平科技自立自强的作用更加彰显！

◎●◎ 国家电网创奇迹

提到“国家电网”，相信很多人并不陌生，因为我们日常生活中都离不开电。大家也许还记得，2021年能源荒遍及全球甚至出现惊人的事件，当时由于寒潮的影响，美国德州电价飙升超百倍，欧洲电荒之下，英国电价也一度大涨7倍之多，印度全国频频大面积停电成为家常便饭……而相比之下，作为全球用电量最大的中国，人们的工作生活一切如常，几乎没有受到任何影响。之所以我们能够这样“云淡风轻”，这背后少不了国家电网有限公司这样的具备强大的技术和生产能力的企业为我们保驾护航！

那么，党的十八大以来，国家电网有限公司是如何创造发展奇迹，助力中国经济腾飞的？一是靠过硬的技术。国家电网有限公司积极推进技术创新，取得了一批具有自主知识产权、世界领先的原创成果，建成了一系列世界级创新工程。2021年，媒体发布了“近五年发明专利数量前20企业”名单，国家电网有限公司以23308项发明专利排名第一，专利申请量和累计拥有量连续10年位列央企之首，即使是在世界大型企业专利拥有量的排名中也位列第三的位置。二是极高的覆盖率。大家知道，我国国土面积幅员辽阔，气候条件、水文地貌等自然环境复杂多样，给电网铺设带来很大难度。到目前为止，国家电网有限公司供电范围占国土面积的88%以上，供电人口超过11亿。大家可以想象一下，国家电网有限公司不仅要接入大约4亿个家庭，还要接入包括学校、医院、企业、科研院所、政府机关等成千上万家用电单

2022 年 12 月 27 日，重庆酉阳，在涂市镇，国家电网有限公司红岩（酉阳运检）共产党员服务队队员正在 220 千伏黔酉东线巡线，并观测覆冰情况

位，做到这一点是非常不容易的。三是超强的输送能力。国家电网有限公司创造了世界上最大最复杂的能源输送网、世界上最高效率的物品运送网，以及世界上覆盖最广的信息传输网。有了这三张网，就可以将能源源源不断地输送到任何需要的地方。不仅能解决能源分布不均的问题，还能将超大规模的电力输送到任何城市。

02 看看老百姓的钱袋子

新时代以来，随着我国经济总量的持续增长，老百姓的钱袋子越来越鼓，日子过得也越来越红火了。就拿中国这十年收入这一项来说吧，2012年我国居民人均可支配收入16510元，而到了2021年则增长到35128元，足足翻了一番还要多。另外，2021年我国城乡居民恩格尔系数（食品支出总额占个人消费支出总额的比重）为29.8%，较2012年下降了约3.2个百分点，已达到联合国划定的20%~30%的富足标准。老百姓生存性消费比例大大降低，而发展性消费支出大大增加，比如说，用在住房改善、交通通信、文化教育、娱乐旅游、医疗保健等方面的消费支出明显增加。此外，为了更好地增加老百姓的物质财富，党中央立足我国经济社会发展实际，在就业、教育、医疗、住房、社会保障等多方面，推行了一系列惠民政策和举措，让老百姓追求美好生活的底气也越来越足。

■ 2021 年全国居民人均消费支出及其构成

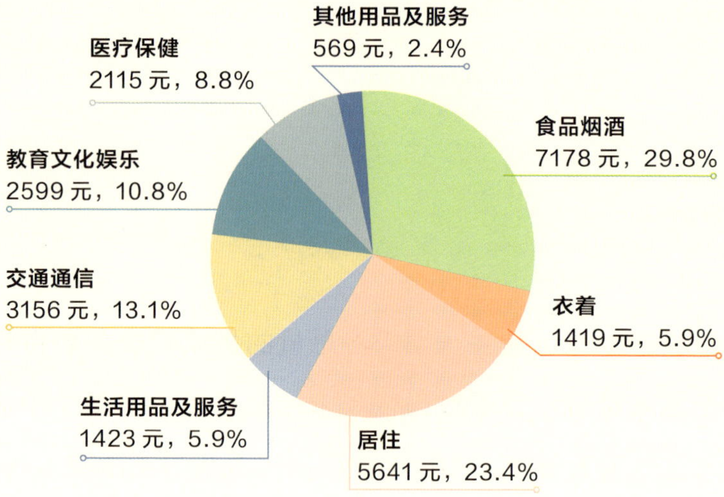

接下来，就让我们到四川省绵阳市农村综合改革试验区（以下简称“综改区”），看一下乡亲们的“钱袋子”是如何鼓起来的吧！

◎●◎ 让“软肋”硬起来

走进“综改区”，乡村水泥路，依山延伸，平坦宽阔；产业基地，苗木青葱，生机盎然；塘堰沟渠，碧波荡漾，鱼欢水笑；藤椒林间，农人勤作，脸上洋溢着喜悦的笑容……

这一幕幕令人欣喜的怡人景致，处处展现着“综改区”加快推进共同富裕的可喜成效。而在多年前，这里的情况却是交通不便，基础设施较差，产业结构滞后，群众的收入更是不能拿到“台面”上。近些年来，当地政府探索走出了一条深丘地区脱贫致富的新路，增加了农民收入，改善了生活条件，实现了由贫穷落后到幸福美丽的转变。

俗话说“要想富先修路”。“综改区”地处深丘地区，地形起伏较大，导致交通不便。为此，当地政府修建了一条总长10.2千米、宽4.5米的柏油路，这条柏油路在景福镇等核心区域串起了很多村庄，为“综改区”注入了源源不断的发展活力。“以前是想着咋个走出去挣钱，现在想该咋个把产业搞好。”让村民涂小兵思想发生变化的正是“综改区”基础设施的不断完善。家住景福镇鲜家嘴村5组的涂小兵在外务工多年，随着“综改区”项目建设的铺开，他回乡办起了养殖场。道路畅通了，阻碍发展的“软肋”硬起来了，他的养殖梦成为了现实。家门口有了通衢大路，村子里各种产业正在兴起，“业兴、家富、人和、村美”的幸福美丽乡村画卷正次第展开。“综改区”的建设发展，让村民们真正得到了实惠，享受到了国家的好政策，老百姓致富也有了新希望。

◎●◎ 产业发展增收致富

绵阳市三台县结合实际，确定了“综改区”“藤椒、柑橘、生态养殖+木本油料、优质蔬菜”的“3+2”产业体系，坚持“输血造血”并重，内引外联，积极培育壮大现有传统产业，先后引进铁骑力士、富广兴、可士可、牡丰、藤丰、梓商、梓南乾园等农业龙头企业10家，新培育新型经营主体135家，引导55名农民工回乡创业。

■ “互联网＋生态立体农业＋乡村旅游”三位一体促进乡村振兴

同时，因地制宜推进特色产业发展。在特色农牧产业方面，充分利用坡台地，抓好经济林果业发展，持续壮大藤椒、蚕桑等产业，积极借助招商引资成果，加快培植壮大甜橙、油用牡丹和其他经济林果业发展；发展节粮型低污染畜牧业，培育川藏黑猪、食草型家禽，推行生态种养结合，积极发展“稻鱼”“稻鸭”养殖模式，加快形成“一村一品”的产业特色，切实提高农民收入，让老百姓腰包鼓起来。

此外，以“互联网+生态立体农业+乡村旅游”为主导方向，大力发展电商服务业和乡村旅游业，积极打造宋观庙村旅游点，以及协和红花园生态观光农业和康养中心。形成产业发展、电子商务和乡村旅游“三位一体”发展格局，带动广大群众更好、更稳定增收致富。

◎●◎ 激发“三农”新动能

“我家两亩（1亩约666.7平方米）多地入股村合作社，不仅可以在家门口务工挣钱，三年后还能分红得利。”正在地里采摘藤椒的周光明老人乐呵呵地说。周光明是双乐乡王太沟村5组村民，多年前因在外务工致残，成了建档立卡贫困户。近年来，该村加快推进“三变”改革[1]，成立专业合作社，老人将两亩多地入股合作社，自己在合作社务工，年收入近万元，一举甩掉了贫困户的帽子。

距离王太沟村7千米外的王家堰村，村民刘兴双将自家0.27亩堰塘流转给了村里的合作社养台湾泥鳅，农闲时可以到合作社打工，年底可以分红，用他的话说是“过上了‘地’生钱的好日子”。2015年，经营水产多年的李晓川来到王家堰村，牵头成立了水产养殖合作社，试验养殖白乌鱼，探索水稻泥鳅共生，不施农药化肥，每公顷水面每年纯收入超过15万元。尝到了水产养殖的甜头，村民们的致富热情一一被点燃。合作社已有110户养殖户加入。

正如一句俗语所说的，“只要思想不滑坡，方法总比困难多”，“综改区”也是这样，通过夯实基础设施建设，让道路这根“软肋”硬起来，使得百姓致富有希望，出路有了；通过内引外联，发展致富产业，使得百姓腰包鼓起来；最后通过创新改革，激发“三农”新动能，使得老百姓的生活越来越有奔头，一步步探索出了自身的致富之道。这样的前景怎么能不让人向往呢？这样的生活怎么能不带劲儿呢？而新时代以来，全

---

① “三变”改革：指资源变资产、资金变股金、农民变股东。目的是促进农业转型升级，实现农民增收。

国还有千千万万个村庄像“综改区”一样，不断去劳动、不断去创造，有政策的支持，有强劲的动力，相信在以习近平同志为核心的党中央的带领下，老百姓的钱袋子会越来越鼓，生活也会越来越好，让农民幸福生活越来越有奔头。

03 打造橄榄型的社会结构

大家知道橄榄树吗？它的果实是什么形状呢？对，橄榄树是一种生长在亚热带的果树，它的果实状如纺锤，两头小中间大。橄榄型社会结构的特点在于：中等收入群体是社会的大多数人，高收入群体和低收入群体都是少数人。

为什么橄榄型社会结构是比较稳定的呢？因为高收入和低收入群体之间总会有矛盾和冲突，如果在二者之间有一个人数较多的中等收入群体，就会缓和他们的矛盾。中等收入群体就好比是一个“拉架者”，拉力大于对抗力，贫富矛盾就不会激化，社会就稳定了。相较而言，如果中等收入群体比例过小，就会容易出现贫富对立、社会矛盾激化等一系列问题，从而产生各种不稳定因素。

新时代以来，我国中等收入群体不断扩大，2022年，我国中等收入群体规模超过了4亿人，已经形成了世界上最大规模的中等收入群体，我国正在着力打造橄榄型社会结构。橄榄型社会结构虽然比较稳定，但还不是我们的最终目标。我们的最终目标是实现共同富裕，这是社会主义的本质要求。不过，实现共同富裕不是一蹴而就的，而是要先形成橄榄型社会结构。

下面让我们一起走进浙江省杭州市淳安县枫树岭镇下姜村，一起去看看当地政府是如何着力扩大中等收入群体，打造橄榄型社会结构，并扎实迈向共同富裕的。

◎●◎ 从下姜村到“千湖岛·大下姜”乡村振兴联合体

2022年10月16日上午，在党的二十大即将开幕时，举行了首场“党代表通道”采访活动。在接受采访的15名代表中，大家发现了一位熟悉的身影——杭州市淳安县枫树岭镇下姜村党总支书记、村委会主任姜丽娟，在回答记者的提问中她向人们讲述了下姜村共同致富的故事。

曾经的下姜村，是远近闻名的贫困村，“土墙房、半年粮、烧木炭，有女莫嫁下姜郎”，村苦路远，污水横流，附近村的村民一提下姜村，直摇头。不过，在党和政府的接

航拍下姜村全景

力帮扶下，下姜村努力探索生态优先、绿色发展、共同富裕的新路子，并依托生态旅游资源，形成以乡村旅游产业为支柱、规模效益农业为补充的生态产业集群，走出了一条可持续、可复制的乡村振兴之路。短短十几年，下姜村完成了从“脏乱差”向“绿富美”的飞跃，成为农村脱贫致富样板，成为乡村振兴“梦开始的地方”。

一村富不是富，大家富才是真的富。如何实现从一个村脱贫致富到辐射带动周边村共同致富？为了合力推进乡村振兴，2019年6月，“千岛湖·大下姜”乡村振兴联合体党委正式成立，涵盖“大下姜”区域22个建制村，开始探索以下姜村为龙头、多村统筹协作的乡村振兴之路。“千岛湖·大下姜”乡村振兴联合体党委有关负责人说，以前其他周边村规划凌乱、发展思路照搬照抄、无特色、缺品牌，一直形不成气候，“联合体成立后，按照‘示范带动、区域融合’‘先富帮后富、区域共同富’的发展思路，我们一盘棋考虑规划，遇事一起协商”。

“大下姜”各村“抱团”发展后，交通、环境得到极大改善，文创、旅游产业突飞猛进。目前，淳安下姜景区已是国家4A级景区。枫树岭村、薛家源村、桃源凌家村等7个村已成功挂牌浙江省3A级景区村庄。通过大力实施农林产业振兴工程，“大下姜”还因势利导培育了乡村旅游、红高粱、农特产品等产业带，陆续建成了带动农民增收的全产业链条。

此外，“大下姜”还启动了“我们一起富”行动，着力构建强村带弱村、先富带后富、区域融合带动的帮扶机制，强村和弱村结对。同时，建立先富群体自愿帮扶困难群众数据库，实现家庭人均年收入1万元以下低收入农户全面清零。又启动了“甜蜜共富4S计划”，通过数字蜂业与乡村振兴的衔接，为“大下姜”村民的生活加点儿甜！

从“一村闯关”到“抱团发展”

“大下姜，一起富”，这既是村民们共同的口号，也是近在眼前的场景。“这次我们分红分到了1万元，钱不多，但是让我们看到了希望。”这是淳安县枫树岭镇丰家源村党总支书记丰龙华发出的感慨。杭州千岛湖大下姜振兴发展有限公司实现盈利，在2021年3月举行的2021年大下姜乡村振兴和共同富裕推进部署大会上进行了首次半年度的分红。

2020年国庆档影片《我和我的家乡》中《最后一课》

单元就在是下姜村取景。影片热映后，众多游客前往下姜村“打卡”。而周边村庄的农家乐、民宿、特产店、果蔬采摘体验等同样生意火爆，很大一部分客流就来自下姜村。依托“大下姜”平台，立足平台共建、资源共享、产业共兴、品牌共塑的目标，针对各村特色，挖掘石头画、剪纸、竹编、打麻糍、磨豆浆等富有乡土气息的体验休闲项目。据统计，2020年,“大下姜”累计接待游客154.26万人次、住宿游客7.58万人次，旅游收入达7100万元。

“大下姜”美好的发展前景，也吸引了周边更多的乡村加入。淳安县大墅镇凤山村等3个建制村主动加入大下姜乡村振兴联合体，“联合体”由原来的22个村“扩编”到25个村。据了解，按照“大下姜”乡村振兴和共同富裕五年行动计划，大下姜乡村振兴联合体已明确了19个政府投资实施项目、15个社会投资项目以及96项工作任务清单。2021年年初，大下姜乡村振兴联合体模式成功入选2020年度浙江省改革创新最佳实践案例。

对于未来的发展，时任淳安县委书记黄海峰信心满满：“下一步，我们将紧扣‘生态美、水质好、百姓富’‘全域提升、全面惠民’目标，聚焦聚力高标准保护、高质量发展、高品位建设、高品质民生、高水平创新、高效能治理六大领域，奋力推动特别生态功能区建设的纵深推进、全面突破，以争先姿态开启共同富裕新征程。”

大家都很熟悉这样一句话：“小康不小康，关键看老乡。”为什么这么讲呢？因为一直以来，我国的贫困人口基本上都在农村，因此能否全面建成小康社会，关键在于农村贫困老乡能否脱贫。党的十八大召开后不久，以习近平同志为核心的党中央坚持以人民为中心的发展思想，组织实施了人类历史上规模最大、力度最强的脱贫攻坚战。经过近十年的努力奋斗，我国脱贫攻坚战取得了全面胜利，完成了消除绝对贫困的艰巨任务，创造了又一个彪炳史册的人间奇迹！

彪炳史册的人间奇迹

01 煤山上的“绿色取款机”

消除贫困一直以来都是人类梦寐以求的理想。自中国共产党成立以来，就确立了“为人民谋幸福、为民族谋复兴”的目标，始终把消除贫困、改善民生、实现共同富裕作为社会主义的本质要求和党的重要使命。

“纳威赫，去不得”

提起贵州省毕节市纳雍县，至今还会有人想起“纳威赫，去不得”这句顺口溜。“纳威赫”指的是毕节的纳雍县、威宁彝族回族苗族自治县和赫章县，以前因为山高谷深、生态贫瘠、生产落后，老百姓生活极其贫困，所以人称“去不得”。“纳威赫”成了贵州甚至整个乌蒙山区贫困

贵州毕节：护林员带青少年巡山，增强他们爱护环境意识

的代名词，甚至有人曾讲："全国脱贫看贵州，贵州脱贫看毕节，毕节脱贫看'纳威赫'。"党的十八大以来，纳雍县深入贯彻实施精准扶贫战略，加快修复生态环境，补齐基础设施短板，全力推进产业调整，大大提高了生产力，老百姓彻底摆脱了贫困，雍县实现了从"去不得"到"了不得"的华丽转身。

纳雍县素有"西南煤乡"之称，当地曾经依靠煤炭产业一度"富"过，然而村民们的日子却一直没有什么起色，这是为什么呢？原来，煤炭开采虽然给当地创造了一定财富，但粗放型的开采方式导致地质灾害频繁发生，生态环境不断恶化，真可谓是"晴天一身灰，雨天一身泥""荒山秃岭不长草，人穷粮少吃不饱"！

◎●◎ 绿色产业致富路

大概从10多年前开始，毕节市依托丰富的自然资源，通过出台优惠扶持政策，提供资金补助和技术支持，引导当地的“矿老板”投资开发现代农业，谭正义就是其中比较成功的一个。因为生态环境的破坏，神箐大山一遇暴雨就洪水横流，因此谭正义萌生了要做“高山茶”的想法，打算将生意从“地下”转战“地上”，将杂草丛生的神箐大山流转过来建设有机茶园。“煤炭资源迟早会枯竭，‘靠山吃山’才是长久之计，要让村民有活干、有钱挣！”谭正义说。当时，很多懂茶叶种植的人都劝他，海拔2300米左右的神箐山高寒，茶叶难以生长，但质疑声全被挖掘机发出的突突声所掩盖。

经过5年努力，谭正义终于在海拔超过2000米的高寒山区种活了茶苗，让曾经因采煤而千疮百孔的神箐大山重新披上“绿装”，并最终建成了“猪—沼（电）—茶—草”循环发展的生态有机茶园。他不仅带动了周边村寨村民就业，让村民有了稳定收入，脱贫摘帽过上了好日子，也改变了过去自然灾害频发的状况。从“毁绿”到“懂绿”，谭正义呵护培植了一个绿色生态的长效产业，这也是纳雍县在决战贫困

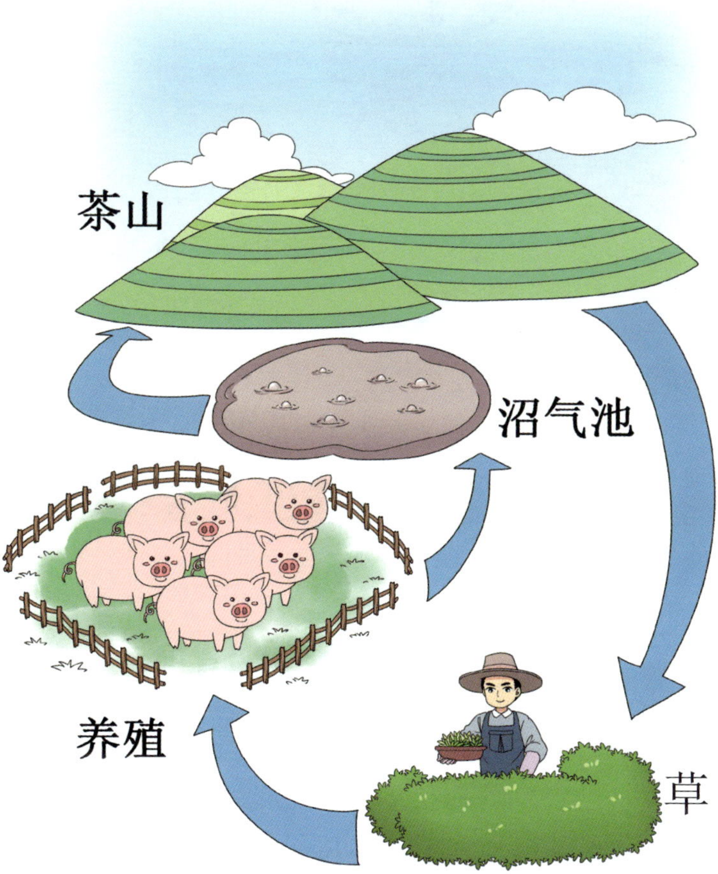

■ “猪—沼（电）—茶—草”循环发展的生态有机茶园

中贯彻落实“绿水青山就是金山银山”理念的生动缩影。如今，站在纳雍县鬃岭镇坪箐村高高的山顶上向下望去，7000亩生态茶园仿佛一个绿色的聚宝盆，一行行茶树从山底盘旋而上，似一条条绿色的丝带，缠绕在青山之间。拔节吐翠的

茶农采摘茶叶

茶树，让曾经千疮百孔的大山脱掉“黑色面纱”，披上“翠绿新装”。

脱贫攻坚以来，纳雍县坚持新发展思路，坚持高质量发展，将守住生态和发展两条底线作为破局之策，深入贯彻实施精准扶贫战略，加快修复生态，补齐基础设施短板，全力推进产业结构调整。现在的纳雍县旧貌换新颜，在曾经的煤山上建造出帮助当地村民脱贫致富的“绿色取款机”，走上了由“黑”转“绿”，由“绿”转“富”的绿色致富路，交出了一份高质量脱贫答卷。

02 翻身村的民谣之变

贫穷不是社会主义，让所有贫困地区和贫困人口实现脱贫，消除绝对贫困，是我们党义不容辞的责任。习近平总书记指出，我们党一诺千金，说到就要做到。如果到我们党成立100年时，还没有解决贫困人口的脱贫问题，贫困群众生活水平还得不到明显提高，那就体现不出我们党全心全意为人民服务的宗旨，彰显不出中国特色社会主义的优越性。

“有米饭吃不用菜”

“黄连坪，屋脊界，有米饭吃不用菜。”“黄连坪，屋脊界，腊肉鸡蛋做小菜。”“黄连坪，屋脊界，稳定脱贫幸福来。”[①]这几句龙山县大安乡翻身村的民谣，因为新

① 这里的“屋脊界”（方言，“界”念gài，界限、边界的意思），是说黄连坪（翻身村）位于湘西州海拔最高的群峰之间，像处于最高处的屋脊一样。这三句民谣的依次演变，体现了新时代以来翻身村村民脱贫致富的奋斗过程。

华社的一篇报道火爆了朋友圈，成为龙山人民热议的话题。

位于湘西北边陲、武陵山脉腹地的龙山县，是湖南省湘西土家族苗族自治州人口最多的县，也是“国贫县”和深度贫困县。在龙山县脱贫村名单里，有一个名字很独特的村子——翻身村，说起这个名字还有段来历。翻身村原名叫黄连坪，坐落在湘西州海拔最高的群峰之间，由于村子交通困难、土地贫瘠，村民们过去生活太苦，渴望过上好日子，所以后来就一起商议把村名改成了翻身村。当时，村子里流传着“黄连坪，屋脊界，有米饭吃不用菜”这句民谣，村民们盼望着什么时候能吃上白米饭就好了，就算没有下饭菜也要多吃上几碗！

“腊肉鸡蛋做小菜”

翻身村连通山下的公路在1994年开通了，村民敲锣打鼓庆祝，两年后，又通了电。村民开始种烤烟、采山货，南下打工，终于有钱买米了。“刚开始不会煮米饭，不是稀了，

村民吃上大米饭的愿望不再遥不可及

就是煳了，闹了好多笑话。”村民聂仁喜对当年买米做饭的事至今记忆深刻。然而，通电两个月，一场冰冻，木电杆全部被压断，村里又回到煤油灯时代。由于一些扶贫措施“大水漫灌”，加上村民们习惯了“等靠要”，所以除了吃上米饭，村里人们的生活变化并不大。

到了2014年，精准扶贫的春风吹遍湘西各个贫困山村，翻身村真正迎来“翻身”的时刻。“致富不致富，关键看干部”，驻村扶贫工作队和村干部反复调研，走家串户听取村民们的意见，得出结论：翻身村要“翻身”，重中之重是要做好三件事——修路、兜住底、找准产业。在多方支持下，12.5千米长的通村公路很快进行了加宽和硬化，电网全部提质，一栋栋危房进行了改造，田里还修了机耕道。村里还制订了产业发展的短期规划和长期规划。翻身村地处高山，环境好，气候适宜，烤烟和药材成为村里着力发展的主要产业。在上级部门支持下，到2019年，村里的烤烟、药材面积从过去的10多亩发展到2000多亩。通过政府牵线，44户村民与龙山县众泰中药材开发有限公司签下购销协议，不再愁药材的销路。全村880人，马超伍、李红云等43户138名村民确定为建档立卡贫困户，教育扶贫、健康扶贫各种政策纷至沓来，一些穷困多年的村民被及时“兜底”。

穷了一辈子的李红云因自己双脚疼痛，丈夫腰椎间盘突出，夫妻双双无法下床，收入断了来源，还有两个女儿要抚养，贫困人员“先诊疗后付费”的优惠政策使夫妻俩得到了有效救治，大部分医疗费用得到报销，驻村扶贫工作队队长更是多次来到李红云家里，鼓励他们种植烤烟和药材，并承诺技术人员给予指导，有扶贫工作队“托底”，他们身体康复后下决心从零开始，最多时种了30多亩烤烟和药材，2018年收入就有10多万元。在李红云家的木房里，火塘上、楼顶下，挂满了腊肉。她告诉前来采访的记者，现在翻身村有了新的民谣，并哼了起来：“黄连坪，屋脊界，腊肉鸡蛋做小菜。”

◎●◎ 稳定脱贫幸福来

驻村扶贫工作队队长彭虹茗干劲十足，每天只要在村里，总会利用晚饭后的时间，带领队员和村干部入户座谈，“脱贫只是第一步，要巩固现有成果，更要建立长效发展机制，才能真正‘翻身’”。队员们清醒认识到，虽然眼下乡亲收入大幅增加，但要稳定脱贫，还有许多工作要做。比如，通村通组公路[①]很多没有护栏，当地农用车、摩托车制动性能不好，生产、出行存在安全隐患；烟草种植产业发展好，但产业特殊，发展空间有限，而村里地质特别适合种药

① 农村由自然村组成，自然村由小组组成。通村公路是村与村相连的公路；通组公路则是小组与小组相连的公路。

材，以后要减烟草增药材……这些问题，需要逐一解决。此外，由于翻身村位于“湘西之巅”，近些年来，夏天前来登山露营的游客日益增多，这让彭虹茗和村干部们获得了灵感。他谈道：“我们这里夏天凉快，冬有雪景，年底龙山通了高铁，到长沙、重庆大概只要两三个小时，游客会越来越多。我们准备建设露营基地，发展特色乡村旅游，这是‘翻身’的长远之计。”驻村扶贫工作队队员和村干部谋划着建设露营基地，发展特色乡村旅游，村干部、扶贫队队员和村民一起憧憬着未来。彭虹茗说：“在湘西和湖南，更多像翻身村一样的贫困村庄正在发生巨变。我们把民谣改了，‘黄连坪，屋脊界，稳定脱贫幸福来’，这是我们的奋斗目标。”

翻身村从“有米饭吃不用菜”到“腊肉鸡蛋做小菜”再到现在“稳定脱贫幸福来”的不断变化，得益于新时代以来国家精准扶贫政策，使更多像翻身村这样的贫困村庄发生了历史性变化，也让村民们的生活越来越好。可以说，三代民谣的变化是翻身村村民“翻身”脱贫的生动写照。

03 >>> 历史性的一刻！

习近平指出："经过全党全国各族人民持续奋斗，我们实现了第一个百年奋斗目标，在中华大地上全面建成了小康社会，历史性地解决了绝对贫困问题，正在意气风发向着全面建成社会主义现代化强国的第二个百年奋斗目标迈进。这是中华民族的伟大光荣！这是中国人民的伟大光荣！这是中国共产党的伟大光荣！"

一步千年，梦圆今朝

2020年11月23日，随着贵州省宣布最后9个深度贫困县"摘帽"，国家乡村振兴局确定的全国832个贫困县全部"清零"，我国2012年年底核算的近1亿贫困人口全部脱贫。2021年2月25日，习近平总书记在全国脱贫攻坚总结表彰大会上庄严宣告："经过全党全国各族人民共同努力，在迎来中国共产党成立一百周年的重要时刻，我国脱贫攻坚战取得了全面胜利。"至此，在中华民族几千年发展史上，我国首次整体消除了绝对贫困现象。

可谓是"一步千年，梦圆今朝"，这一刻是一代代勤劳勇敢的中国人民为摆脱贫困做出不懈努力的结果，是我们党向人民兑现庄严承诺的历史性一刻。不少奋战在一线的扶贫干部表示，消息公布的那一刻，最直观的感受就是微信朋友圈刷屏，工作群里"大拇指满天飞"，所有人都在为这期盼

2012—2020 年我国农村贫困人口变化图（单位：万）

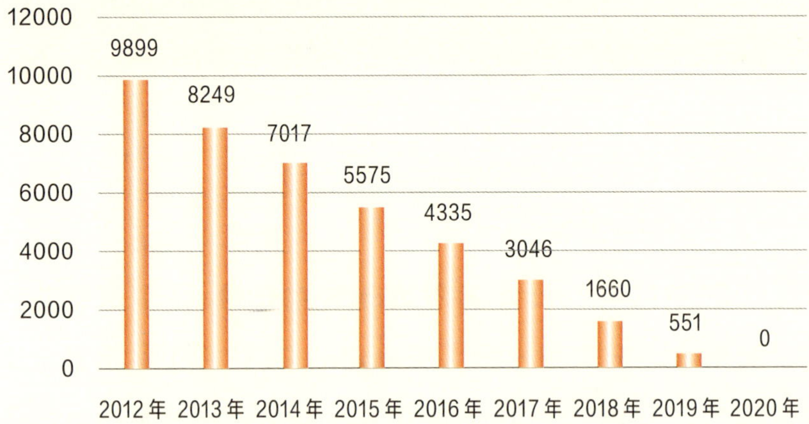

数据来源：国家统计局

已久但来之不易的历史性一刻感到欣慰。何其有幸，生在红旗下，长在春风里的我们能与祖国一同见证这历史性的一刻。

回忆起当时的场景，四川省金川县独松乡嘎伍岭村原第一书记徐俊仍激动不已：“总书记的讲话让我们驻村干部倍感振奋。脱贫摘帽不是终点，而是新生活、新奋斗的起点，我们一定要在乡村振兴大路上继续奋斗！”嘎伍岭的路彻底变了！河上摇摇晃晃的铁索桥变成钢筋混凝土大桥，14个盘山村道回头弯拓宽加固，村里山货搭着物流车销往全国。徐俊还记得2017年5月，第一次走在嘎伍岭村道时的惊心动魄，“海拔近3000米的大山里，14个回头弯，每个弯都有180°，要想过弯必须倒车顺方向。下头就是百米悬崖，我一路紧紧攥着扶手”。要想富，先修路。驻村的头两个月，徐俊天天在摩托车上“办公”——把村里145户走了个遍。走访发现，村里藏着宝贝：高山松茸，乡亲们养的土鸡，品质不错，“（把物产）卖出大山，一定能鼓起‘钱袋子’”。徐俊随即联系眉山市对口帮扶单位，争取资金、推进项目，新改扩建村道9.1千米，建起跨大渡河钢筋混凝土桥……嘎伍岭的出村路畅通了，4年间，徐俊骑着摩托车跑了5万余千米，致富路不断延伸。百亩花椒串串紫红，百亩脆李挂满枝头，产业发展驶上高速路。徐俊牵头成立“一家亲”农民专业合作社，开办网店年销售花椒上万斤、土鸡3000多只；红脆李、中药材种植成了乡亲们的“新钱袋”，参与种植的村民年人均增收2000余元。

◎●◎ 全面建成小康社会

2021年7月1日，我们迎来了建党100周年纪念日。这一天，在北京天安门广场隆重举行了庆祝大会。习近平总书记代表党和人民庄严宣告，经过全党全国各族人民持续奋斗，我们实现了第一个百年奋斗目标，在中华大地上全面建成了小康社会，历史性地解决了绝对贫困问题，正在意气风发向着全面建成社会主义现代化强国的第二个百年奋斗目标迈进。这是中华民族的伟大光荣！这是中国人民的伟大光荣！这是中国共产党的伟大光荣！这是十年来，我们经历的对党和人民事业具有重大现实意义和深远历史意义的一件大事。

中国作为世界上最大的发展中国家，创造了在较短时间内实现超大规模人口脱贫的奇迹，取得了令世人瞩目的重大胜利，为人类减贫事业作出了历史性贡献。从减贫规模看，我国是世界上减贫人口最多的国家，按照世界银行每人每天1.9美元的国际贫困标准，改革开放以来，我国已有8亿多贫

新时代人民幸福安康

困人口实现脱贫，占同期全球减贫人口的70%以上，超过欧洲国家的人口总和。从减贫速度看，我国仅仅用短短几十年时间就历史性解决了绝对贫困问题，提前10年实现《联合国2030年可持续发展议程》确定的减贫目标，继续走在全球减贫事业前列。

◎●◎ 中国减贫的世界贡献

中国的脱贫攻坚不仅解决了自己的贫困问题，而且也为世界减贫事业作出了巨大贡献。为什么这么讲呢？大家都知道，我国有14亿多人口，几乎占到了世界总人口的五分之一。如果说中国人自己解决了吃饭问题，那也就大大推动了世界的减贫进程。非但如此，中国脱贫攻坚的胜利，也为全世界特别是广大发展中国家消除绝对贫困带来了信心、提供了经验。比如说，我们通过举办扶贫国际论坛、政策对话、人员交流、合作研究、技术援助等方式，支持和帮助广大发展中国家特别是最不发达国家减少和消除贫困，推动建立以合作共赢为核心的新型国际减贫交流合作关系，充分彰显中国推动构建人类命运共同体、为世界反贫困事业不断奋斗的大国担当。

在亚洲地区，中国与东盟国家共同开展乡村减贫推进计划，在老挝、柬埔寨、缅甸乡村基层社区实施东亚减贫示范合作技术援助项目；在非洲地区，中国为非洲国家援建水利基础设施，打造农业合作示范区，推进实施中非菌草交流合作等项目；在南太平洋地区，开展基础设施建设和农业、医疗等技术合作援助项目；在拉美地区，援建农业技术示范中心，帮助受援国当地民众摆脱贫困。同时，中国设立“南南合作援助基金”，向发展中国家提供包括减贫项目在内的“6个100”项目支持，并致力于促进“一带一路”沿线国家经济发展，帮助他们实现2030年可持续发展议程减贫目标。

联合国秘书长古特雷斯称赞，中国脱贫攻坚取得的非凡成就为整个国际社会带来了希望，提供了激励；世界银行前行长金墉评价，中国的减贫成就是“人类历史上最伟大的事件之一”；亚洲开发银行东亚局局长詹姆斯·林奇认为，中国推动全球脱贫进程，为世界可持续发展作出重大贡献。总之，我国脱贫攻坚取得的伟大成就，得到了国际社会广泛赞誉，这一历史性时刻，足以载入人类社会发展史册，也足以向世界证明中国共产党领导和中国特色社会主义制度的显著优势。

“扶贫必扶智，治贫先治愚。”贫穷并不可怕，怕的是智力不足、知识匮乏，脱贫致富不仅要注意富口袋，更要注意富脑袋。进入新时代以来，我们党坚持人的全面发展理念，在抓好经济扶贫的基础上，更加注重丰富贫困地区文化活动，加强贫困地区社会建设，提升贫困群众教育、文化、健康水平和综合素质，振奋贫困地区和贫困群众精神风貌。十年来，人民的精神文化生活日益丰富起来，知识文化水平得以提高，落后的思想观念、思维方式、生活习惯都在朝积极的方向转变，与经济发展水平相适应，从而推动当地经济的可持续发展。

既要富口袋
也要富脑袋

01 ››› 让百姓尽享“诗意生活”

> 习近平总书记在党的二十大报告中指出，“物质富足、精神富有是社会主义现代化的根本要求。物质贫困不是社会主义，精神空虚也不是社会主义”。

家住殷庄路、年过八旬自称“80后”的杜奶奶，闲暇时经常从家门口这条昔日城郊的“进城路”，通过荆马河上的殷庄桥，到汇邻湾云涧剧场听戏，与老姐妹一起看电影。江苏省徐州市的网红景点窑湾古镇是游客的天地，而镇上的“窑湾印象”则是当地老百姓日常的休闲场所。在环境优美的阅览室、棋牌室、健身室、体育公园，人们尽情享受古镇新生活。这一幕幕展现出党的十八大以来，徐州文化空间硬件不断升级，文化市场日益繁荣，在润物细无声中为百姓带去诗意生活的场景。

◎●◎ 打造心灵栖居地

公共文化服务是实现好、维护好、发展好人民基本文化权益的主要途径。党的十八大以来，徐州市稳步推进公共文化服务均等化建设，公共图书馆、文化馆、文化站、综合性文化服务中心建设实现全覆盖。

将公共文化服务深入城市肌理，遍布徐州城乡的167个镇（街道）文化站和2711个行政村（社区）综合文化服务中心，形成了城市“15分钟文化圈”、乡村“十里文化圈”，让人民群众成为文化生活的主角和参与者。汇邻湾文化驿站、马庄文化礼堂、窑湾印象、龙鲤文化中心……2021—2022年，徐州先后有40家文化场馆入选江苏省“最美公共文化空间”打造对象，居民在家门口便能享受到优质的公共文化服务不再是梦。

由徐州文化馆组织成立的“我们的艺术家”文化志愿者服务队，集结了多领域优秀专家，通过开展艺术普及教育，让百姓享有更高质量的精神文化生活。2021年，徐州有22个团队上榜江苏省优秀群众文化团队培育对象名单，入选数量居全省各设区市榜首。2022年8月，“喜迎二十大　舞动

用阅读点亮孩子的童年

新时代”江苏省第七届社会舞蹈暨第九届少儿舞蹈展演中，有3件作品获殊荣，实现了徐州舞蹈的历史性突破。2021年，徐州市累计开展群众文化活动共1690场次，完成送戏下乡演出770场，参与人数达723万人次。

让人民群众享有充实、丰富、优质的精神文化生活，是文化强市建设的重心工作之一。文化浸润下的小康生活图景，就在老百姓身边。

◎●◎ 满城书香润生活

“腹有诗书气自华”，读书可以改变人的精神气质，也提升城市的文化品格。十年来，徐州市的图书馆、书店、阅读组织以新媒介、新形式、新场景，引领城市阅读，刷新阅读风尚。

图书馆是一座城市的文化窗口。十年来，徐州完成了市县两级公共图书馆的建设，多家县（区）级图书馆的接连开放，不但减缓了市区原先只有一家市级公共图书馆的借阅压力，而且其优雅的环境和丰富的活动，丰盈了市民的精神生活。

在设计理念上融入汉文化元素的云龙区图书馆实行免费办证、免逾期费，无障碍、零门槛的文化服务，开馆第一年即接待了近100万人次。毗邻4A级旅游景点龟山景区的鼓楼区图书馆，开馆两年来已举办公益讲座500余场，服务读者近10万人次。在地铁换乘站，在社区服务站，35家城市书房的设立，培厚了全民阅读的土壤。书房通过先进的智能借阅柜，实现与市、区级图书馆的通借通还，便利的借阅制度让读者在行走中便可以邂逅一本好书。此外，徐州相继涌现出小而美的实体书店，如樊登书店、大众书局、八斗书店等，集图书、咖啡、文创、沙龙于一体，在公共场域带动文化消费。尽管纸质书籍受到网络冲击，但由实体书城组织的作者见面会、新书发布会，拉近了写书人与读书人的距离，为线下购书营造了浓厚的仪式感。

◎●◎ 影视弘扬主旋律

2021年12月的一天，徐州市军队离休退休军人服务中心组织10位老兵到影院集体观看《跨过鸭绿江》，他们大多数人参加过淮海战役和抗美援朝战争。88岁的王康周说："电影中有几个镜头，我们当年都经历过。没有抗美援朝战争的艰苦，就没有今天的甜。"

近年来，主旋律电影不仅成为创作热门选择，也成为传播正能量、弘扬社会主义核心价值观的重要渠道。像《我和我的祖国》《长津湖》这些爱国主义题材影片放映时，许多单位专门包场观看。有的单位还以"宣讲+观影+感悟"方式，举行诸如"喜迎二十大·奋进新征程"等主题党日活

江苏徐州，赵本增在丰县王沟镇三十五里庙村向村民们宣讲10年来党的富民好政策为乡村带来的巨大变化

动，像这样的党史学习教育电影课，在徐州市已蔚然成风。此外，互联网时代，单纯放映影片已不能满足人们的消费需求。面对新形势，影院进行了业态多元化、场景体验化的“影院+”等模式的探索，为群众带去别样丰富的文化感受。

“电影市场繁荣离不开优秀的城市环境。作为淮海经济区中心城市，徐州常住人口900余万，市场潜力巨大、前景广阔。”徐州市电影协会负责人称。融合电影、小剧场、美术馆于一体，软硬件不断提升中的徐州影院业，正不断为市民提供高端的文化体验。

02 “乡村十八坊”留住“活文化”

“乡村十八坊”是四川省成都市郫都区（原名郫县）战旗村打造的传统手工作坊聚集地，由布鞋坊、酱油坊、醪糟坊、汤圆坊、踏水坊、榨油坊、蜀绣坊、竹编坊、豆瓣坊、唐昌土板鸭等十八个作坊组成。“乡村十八坊”的各种产品，都是通过古老的传统手工技艺加工而成，将乡土文化与现代经营相融合的模式，不仅丰富了产业业态，也让村集体和村民增收途径更加多元化，是推进乡村振兴的生动实践。

过了立春，万物复苏。位于四川省成都市郫都区的战旗村欣欣向荣，一家接一家传统手工作坊一一亮相。过去的战旗村，村里作坊数量众多，这些作坊使用燃煤锅炉，污水直接排到河沟中……因为产业发展方式落后，不管是生活生产还是经济收入，战旗村与其他地区相比都有较大差距。党的十八大以来，战旗村以生态、旅游等新姿态，摇身一变成了“网红村”，吸引了不少游客前往参观体验。

◎●◎ 留住“活文化”

木梁、灰瓦、青石路……走进战旗村“乡村十八坊”，就能“品”到各种传统的乡土味道。这里集结了数十家传统手工作坊。

2018年8月8日，“乡村十八坊”开街，赖淑芳早早地来到唐昌布鞋工作坊，迎接顾客。“唐昌布鞋的技艺已有700年历史，父亲学艺后，将手艺传承给了我。”64岁的赖淑芳是土生土长的郫县人，22岁进入郫县制鞋厂，在和老一辈制鞋工匠一起工作的时候，学习到很多独门技艺。从家门口摆摊到集市上售卖再到镇上开店，唐昌布鞋业务稳步发展。

由于悠久历史和独特工艺，“唐昌布鞋”被列为县级、市级非遗项目，这让“唐昌布鞋”迎来新的发展机遇，更让赖淑芳燃起传承中国传统手工技艺的责任心。2018年2月12日，习近平总书记视察战旗村时，还曾在“唐昌布鞋”传承人赖淑芳的摊上买过一双布鞋。赖淑芳高兴地说：“唐昌布鞋坊在‘乡村十八坊’开业后，每日来买鞋的客人更多了。”

“我原来也担心技艺失传，后继无人。”赖淑芳坦言，她的儿子曾经在国企上班，但为了继承非遗项目——唐昌布鞋的工艺，2015年，儿子选择辞职回家，带领乡亲一起致富。在赖淑芳儿子的努力下，唐昌布鞋开起了淘宝店，让全国各地的人足不出户，就能穿上唐昌布鞋。

◎●◎ 产业“旺”起来

郫县豆瓣酱享有“川菜之魂”的美誉，是中国著名的地理标志产品。如今的郫都区，从清朝就开始生产豆瓣酱，现在周边有300多家制作豆瓣酱的作坊。

来到战旗村，必去打卡郫县豆瓣博物馆。馆内以“前店”“后坊”的形式生动再现酱园的生活与工作场景。走进晒场，就看见一口口大缸整齐地排列着，大缸内装满豆瓣酱，空气中弥漫着浓郁的酱香。工作人员每天都要掀开缸盖子，搅拌里面的豆瓣酱，白天晾晒一段时间，杀菌、发酵，晚上再次掀开盖子，让豆瓣酱充分吸收空气中的露水。“翻、晒、露”的年份越久，缸内的豆瓣酱体积就越小，味

郫县豆瓣博物馆

道也更加独特。

“参观完才知道，原来豆瓣酱也是分级别的，我要打包带走陈酿酱，回家做回锅肉。”在这里参观的游客陈先生品尝过五年陈酿豆瓣酱后，兴奋地说。据悉，郫县豆瓣酱拥有300多年的历史，是承载着郫都区历史人文厚度的名片。除了豆瓣酱产业，战旗村的其他项目和特色产业也发展得蒸蒸日上。“现在村子产业兴旺了，外地来村里创业的人多了，大学生回村发展的也多了。”郫县豆瓣博物馆的讲解员介绍道。

03 文化村长驻村开课了

共同富裕，文化先行。新时代以来，为推动农村群众“精神共富”，广大农村以“文化村长助力乡村文化振兴”为载体，积极开展村民文化创作活动。文化村长发挥所长，带领广大村民共同参与文化创作，在丰富精神生活的同时，也创作出丰富多彩的乡土作品，从而向精神共富不断迈进。

浙江杭州建德市在各镇街推行“文艺村长”工作制度，将有意愿有热情的文艺工作者分派到农村担任“文艺村长”，为村民开展课堂和实践教学。通过这样的方式，拉近了本土文艺工作者和村民的距离，带动了村民参与文艺文化活动，文艺变成人人都可参与、接地气的“家常菜”。

◎●◎ 记录美好，传播真善美

“范村长，我这个河道的全景拍得好看吗？”“我这张照片拍摄还需要注意什么问题？”……下午，热辣辣的阳光下，航头镇航川村村民戴着草帽坐在老村委楼前，津津有味地听着范胜利的“手机摄影课”，并时不时向“范村长”请教。

如今，这闲置的老村委楼，已经摇身一变成了航头镇航川村摄影艺术学校。“别看条件简陋，但大家热情高涨，平日门可罗雀的闲置建筑内，现在摄影爱好者、村民熙熙攘攘。”建德市航头镇党委委员贾丹枫说。

“范村长”来以前，航川村村民们闲暇在家时不是打牌就是打麻将，女人们顶多也就跳跳广场舞。打从有了这摄影课，越来越多的村民聚到课堂里来——有想拍家乡美景的村民，有想推介农产品的农创客，也有想拍抖音学推广的民宿老板，还有不少老人孩子也喜欢来听课……他们说：“没啥特别的目的，但懂得怎么拍照好看也挺好呀。”

课程抢手的“文艺村长”，不只范胜利一人。在大同镇富塘村“开班授课”的汪国云，听众已逾2万人次。曾在自己创办的公益大同书院里辅导当地留守儿童、组织作文点评，并开设《论语》讲座的他，在当地本就有很高的声望，担任“文艺村长”后，他的课程更是一传十、十传百，连邻村的村民都赶来听课。大同镇富塘村开设的“文艺村长”试点就联动了镇源村、盘山村、淞溪村3个村，形成一个“文化共富辐射圈”。同时，该镇还把各村的“文艺村长”和文艺骨干组织起来，打造了一支“文艺流动团”，每月根据群众的集中需求安排课程，邀请流动团的老师进行针对性授课。摄影、国学、模特走秀、民歌表演……短短几个月时间，在航头镇、大同镇、杨村桥镇率先试点的乡镇里，“文艺村长”们的课程开一门火一门。

◎●◎ 唱出幸福，分享喜悦

“你的声音清脆嘹亮，精神状态饱满，合唱队队长就由你来担任！”在浙江杭州建德市杨村桥镇长宁村的文艺课堂上，“文艺村长”王国光挑选了合唱队的队长，“根据大家各自的特长，选出各支队伍的队长，并培养成文艺骨干，帮助带领广大村民共同参与丰富多彩的文艺活动。”整齐的歌声，爽朗的笑声，文化礼堂内，村民们整齐地排坐着，唱出最和谐的声音，做出最标准的动作……浓郁的文艺气息扑面而来，从一张张笑脸中看到了快乐生活的惬意和富足。

“几年前，长宁村临时组建过一支模特队伍，由一群八九十岁的老年人组成，并在那年重阳敬老宴上演出。演出反响热烈，不仅给老人们带来‘幸福体验’，而且得到了他们家人和广大群众的点赞好评。可那次过后，由于村里没有专业老师指导，模特队只能成为大家的‘美好回忆’。”村党总支书记朱宁斌说，“这次‘文艺村长’的到来，弥补了大家的遗憾，也燃起了大家的热情！”

随着草莓、茶叶等富民产业的不断发展，长宁村所在地杨村桥镇成为了该县城乡收入比最低的乡镇之一，从事相关产业的群众户均年收入可达30余万元。物质富足了，精神富有如何同步？针对基层文艺骨干缺乏，文艺带头人不足的“短板”，在建德市委宣传部指导下，杨村桥镇问需于民，通过“镇选村聘”的方式，以长宁村为试点，精心挑选了一位市文联成员作为“文艺村长”，帮助繁荣村级文艺事业，让群众精神文化生活更富足。

开课前，这些“文艺村长”认真走访摸排了群众的喜好，结合民俗风情和村级社会经济发展需要，组建了模特队、合唱队、主播队、文创手工队等8支队伍。据悉，该镇将“文艺村长”制度辐射至长宁片区其他4个建制村，以至该镇全域。通过打造文艺队伍和开展文艺活动，在帮助村民摆脱陋习旧俗，树立文明新乡风的同时，满足村民文化需求，助力村民精神富有。

我国地大物博，幅员辽阔，不仅有数不清的资源，而且也有很多的城市和乡村。2021年，据不完全统计，我国有将近70万个乡村和660多个城市。这些乡村和城市错落分布，不仅是我们长期生活的居所，也构成了一幅别样的风景画。长期以来，在很多人的印象中，城市的生活是比较便利的，人民的生活水平也比较高，而乡村就显得落后很多。为了改善这种状况，我们国家采取了很多措施，尤其是党的十八大以来一系列惠民政策的实施，让乡村人民的生活发生了翻天覆地的变化，城市和乡村的发展营造出“比翼飞”的良好局面。那我们就先从城乡居民生活的变化谈起吧！

城市农村『比翼飞』

01 城乡居民生活大变样

“民之所望，政之所向。”不断满足人民对美好生活的向往是我们党始终不渝的奋斗目标。新时代以来，城乡居民对美好生活的期待不断实现，“一屋三餐四季”的温饱转变为有品质的生活，文化教育水平的提高、医疗卫生事业的发展、社会保障的健全……广大人民的安全感、幸福感、获得感不断提升，民生福祉不断增加，人民生活更加幸福美满。

随着我国经济社会发展进入新时代，我国社会主要矛盾已经从人民日益增长的物质文化需要同落后的社会生产之间的矛盾，转化为人民日益增长的美好生活需要和不平衡不充分的发展之间的矛盾。可是人民所期盼的美好生活是什么样的呢？又该如何满足人民的需要呢？

◎●◎ 星火再燎原

江西井冈山，被称为“中国革命的摇篮”。大家知道为什么吗？因为在中国革命历史上，井冈山是中国共产党最早建立革命根据地的地方。1927年10月，毛泽东率领工农革命军1000多人，来到了江西的井冈山地区开展游击战争，进行土地革命，恢复和建立党组织，建立了革命政权，创建了井冈山革命根据地。井冈山革命根据地的建立，点燃了“工农武装割据”的星星之火，走上了一条农村包围城市，武装夺取政权的新道路。

历史上，中国革命的薪火曾经从这里燃遍大江南北。而今天，脱贫攻坚胜利的薪火仍然从这里传遍神州大地。

2017年2月，井冈山在全国率先脱贫，成为我国贫困退出机制建立后首个“摘帽”的贫困县。井冈山农村居民人均可支配收入已从2017年的9606元，增至2021年的14551元。近些年来，井冈山发生了显著的变化：进村3.5米宽的水泥路变为5米宽的沥青路，新建了人车分流栈道、停车场、污水处理厂、公共厕所等新设施，村民都换上了新房子，新汽

井冈山红旗雕塑

车，人民的生活越来越好了。

驱车穿行在井冈山乡村，宽敞的道路两边，赫然出现在眼前的是荷花大仓、大陇案山、长塘古韵、半亩方塘等一处又一处旅游景点，井冈山旅游已从单一景区旅游转为村村有看点、处处皆景点的全域旅游，旅游业已经成为井冈山的重要产业。

大家也许知道有首革命歌曲叫《十送红军》，里面有一句是这样唱的：“三送（里格）红军（介支个）到拿山，山上（里格）包谷（介支个）金灿灿……”这里唱的井冈山拿

井冈山领袖峰

山镇，早就形成了草莓基地、灵芝产业园、黄桃合作社、猕猴桃基地等园区基地“扎堆”的现代农业产业带。

以前是走出去打工，现在是回家乡创业。乡村的发展让更多的青年人离开大城市，重返故里。井冈山新城镇黄夏村“80后”谢玉龙10多年前从深圳回来，在山上养鸡，年收入数十万元。

如今，井冈山成为全国“四好农村路”示范县、全国村庄清洁行动先进县、全国数字乡村建设典型县，25户以上自然村全部开展了美丽乡村建设，行政村村村通客车、实现城乡环卫一体化、覆盖光纤网络和4G信号，小山村引来上千万元投资的故事不断上演。

“小康不小康，关键看老乡”，所谓的小康生活就是住的是楼，穿的是绸，还有余钱去旅游。如今，对于井冈山老百姓来说，这些正慢慢成为现实……

◎●◎ 统计账本里的海南十年

“过去的十年，你有怎样的变化？”近日，海南省融媒体中心联合国家统计局海南调查总队共同推出《统计账本里的海南十年》策划，围绕2011—2021年十年来海南居民的收入和支出情况，通过记账员口述和数据解读等方式，解读海南阔步发展的十年。

调查数据显示，2011—2021年，海南居民人均可支配收入从12392元增加到30457元，连续跨越2个万元大关，累计增长145.8%，年均增速达9.4%，快于同期全国居民年均增速0.2个百分点。此外，海南城乡居民人均收入比值从2011年的2.64缩小到2021年的2.22，城乡居民收入增长的协调性也优于全国平均水平。这些数据都来自记账户，他们记录的每一个数据，都客观地反映该地区的居民生活质量。

那么，什么是记账户呢？所谓记账户就是参与住户收支与生活状况调查的调查对象，这是一项涉及千家万户的重要民生调查，可以准确反映每一住户生活状况的变化。接下来，就让我们从一个记账户“晒”出的账本，了解一个海口普通市民家庭10年来生活的变化。

符发是海南省人民医院的放射科医生，他的妻子是滨海小学的老师，是典型的工薪家庭。“10年前，一家人每个月的收入加起来只有6400元。”符发的记账本，记录着他和妻子的工资以及他母亲的退休金。翻开2012年12月的记账单，上面写着：收入6400元、支出4128元，馒头1元、固定电话费52元……符发的记账本事无巨细地记录了他们一家人的收入和支出。

2014年，符发从医院退休，他在账本中记录自己的退休金每个月能领到手4700元。“现在都涨到5700元了，我们家庭收入光是退休金都能有万余元。”符发打开手机上的退休金到账短信，部分退休金还通过理财获得收益。除了退休金，得益于海南自贸港建设带来大量的就业机会，家中房屋出租每月有800多元收入，收入来源也增多了。“手里有钱，现在也常常和老朋友聚餐、旅游，手头很宽余。”符发对退休的生活很满意，他说：“现在不仅住院可以报销，门诊看病也可以报销，医疗保障更加全面，居民就医越来越便宜。”作为医护人员，符发更能体会到海南社会保障能力的不断提升。

过去10年，海南社会保障方面投入力度不断加大，城乡低保、社保、离退休金等标准逐年提高，兜底能力不断增强，打赢脱贫攻坚战，全面建成小康社会，巩固拓展脱贫攻坚成果，全面实施乡村振兴战略等成为拉动全省居民收入增长的亮点。

02 让农村娃“上好学”

“百年大计，教育为本。”教育是立国之本，民族兴旺的标志，一个国家有没有发展潜力看的是教育，这个国家富不富强看的也是教育。其中，乡村教育关乎国计民生、关乎乡村振兴，对巩固脱贫攻坚成果，推动其与乡村振兴有效衔接，助力实现共同富裕具有重大意义。

党的十九大报告提出，要“推动城乡义务教育一体化发展，高度重视农村义务教育，办好学前教育、特殊教育和网络教育，普及高中阶段教育，努力让每个孩子都能享有公平而有质量的教育。”党的二十大报告强调，要办好人民满意的教育，必须促进教育公平，加快义务教育优质均衡发展和城乡一体化，优化区域教育资源配置等。可以说，新时代以来，我国切实加大对乡村、山区、边

放飞梦想的孩子们

远地区的教育投入，全方位促进乡村教育发展。从“有学上”到“上好学”，一系列喜人变化点亮了广袤乡野，一张张笑脸温暖着菁菁校园。

◎●◎ 为农村娃擎起一盏灯

这是四川省绵阳市北川羌族自治县白坭乡小学教师张秀琴的故事……

“1995年，我来到白坭小学当老师。一晃快三十年了，回想过往教书的日子，难忘的故事可真不少。”张秀琴回忆道。刚来学校那会儿，山区孩子读书非常困难，有很多孩子因为交不起学费和书费辍学在家。她得知这一情况后，立刻就去家访，用自己的工资替他们垫付，就是不想让孩子们早早离开校园。

张老师说，那时候学校的条件也很差，连操场都没有。不敢想象的是，十几年来，学校发生了翻天覆地的变化。

■ 乡村小女孩拿着自己画的“学校一景”

新时代以来，学校有了整洁崭新的电脑室，设备用具齐全的实验室，语文、数学器材室，电子琴、风琴、钢琴等乐器，以及各种体育用品……

不仅如此，“班班通”设备的安装改变了我们的上课方式，我们的孩子可以享受和城里孩子一样的教学内容，教学效果也比以前好多了。“班班通”既可以让孩子们接受优质的课件教学，又可以在线展示他们的作品，并进行互动分享。教学质量有了明显提升，山村孩子变得自信而活泼，有时在街头巷尾都能听到老百姓们的夸赞声呢。我们老师的工作条件也是大变样，工资待遇越来越好。

感受着这一切，张老师心中充满着感恩，同时也意识到：只有不断学习，才能适应时代需要。于是，她积极参加各种培训，学习先进的教学理念，钻研各类书籍，把学到的点点滴滴融注于教学实践中，积极探寻更加易于让学生接受的教育方法。27年间，特别是最近10年，张老师见证了很多孩子茁壮成长，也目睹了山村教育的蝶变历程，并决心将继续怀着感恩的心，为山村教育添续一份力量，献上一点光热。

◎●◎ 从“有学上”到“上好学”

办好义务教育事关亿万少年儿童健康成长，事关国家发展和民族未来。党的十八大以来，义务教育以促进公平和提高质量为工作重点，不断完善政策保障体系，努力满足着人民群众从“有学上”到“上好学”的美好期盼。截至2022年6月，我国义务教育阶段有20.7万所学校、1.58亿名学生、1057万名教师，义务教育在实现全面普及的基础上，仅用10年左右时间就实现了县域基本均衡发展，成为我国义务教育发展史上又一座重要的里程碑。

从“有学上”到“上好学”是新时代以来教育领域的显著转变，比如说，城乡学校办学条件差距缩小了。在贵州省黔西南布依族苗族自治州兴仁市巴铃镇牛场坪村，塘房小学是一所地处偏远的村级小学，曾几何时，这里因几乎一无所有而被当地村民称为“石旮旯里的小学”。如今，塘房小学早已发生巨变——学生从75人发展到555人，辍学率为0，教职工从3人发展到42人，校舍面积从392平方米增加到6000余平方米，校园面积由2000平方米增加到近30000平方米。

塘房小学发生巨变

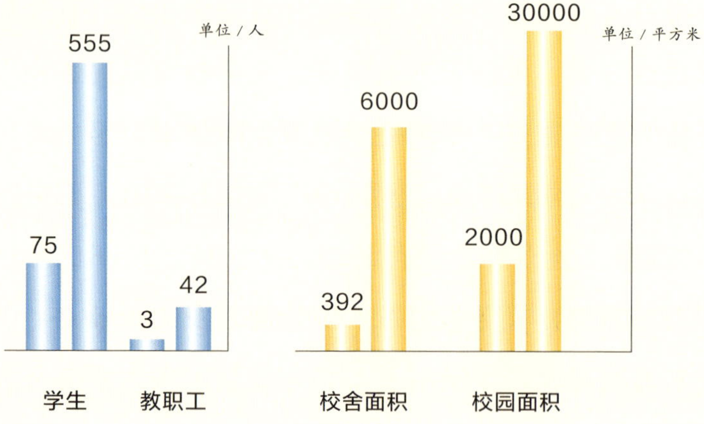

此外，教育资源从“基本均衡”转向“优质均衡”。2012—2021年，财政性义务教育经费从1.17万亿元增加到2.29万亿元，占国家财政性教育经费投入的比例始终保持在50%以上。2015年，在整合农村义务教育经费保障机制和城市义务教育奖补政策的基础上，国家建立起城乡统一、重在农村的义务教育经费保障机制。“两免一补”（免除学杂费、免费提供教科书，为家庭经济困难学生发放生活补助）实现城乡学生全覆盖。从2011年起，学生营养改善计划正式实施，以进一步改善农村学生营养状况、提高农村学生健康水平。营养改善计划每年惠及3700万名农村学生，受益学生的体质健康合格率从2012年的70.3%提高至2021年的86.7%，2020年农村15岁男生、女生平均身高分别比2012年高出近10厘米和8厘米。

百年大计，教育为本。新时代以来，我国持续推进城乡义务教育一体化发展，加快改善乡村学校办学条件，加强乡村教师队伍建设，发展“互联网+教育”，促进优质资源共享，农村教育获得较大发展，更多的农村孩子走进教室，更多的优秀教师走向农村，农村孩子和城市孩子一样可以坐在宽敞明亮的教室里学习科学文化知识，可以学习音、体、美、手工等课程获得德智体美劳的全方位发展。农村娃真正从“有学上”迈向了“上好学”的时代。

03 >>> 农民进城落户更容易

户口簿是我国公民的重要身份证明，上学、结婚、领取护照，以及办理很多重要事情都会使用到户口簿。新生儿出生不久后，就会拥有自己的户籍页，就会和父母建立起具有法律效力的关系。大家如果留心观察的话，会发现还有很多地区户口分为“农业户口”和“非农业户口”两种类别。“农业户口”是指以农业生产为主的人口，就是我们通常所说的农村户口；而“非农业户口”就是我们说的城镇户口。

新时代以来，我国加快户籍制度改革，有序推进农业转移人口市民化，努力实现城镇基本公共服务常住人口全覆盖。2014年7月24日，国务院发布了《关于进一步推进户籍制度改革的意见》，要逐步取消农业户口与非农业户口性质区分和由此衍生的蓝印户口等户口类型，统一登记为居民户口，建立城乡统一的户口登记制度。随即，全国31个省份全面取消了“农业户口”与“非农业户口”的区分，一起合并为城乡居民户口，这就意味着在我国存在了近半个世纪的“城里人”和“乡下人”的二元户籍制度将退出历史舞台。在这之后，我们国家又出台了一系列政策，加快统一城乡户

全国 31 个省份全面取消了“农业户口”与“非农业户口”的区分

口登记制度，全面实施居住证制度，加快建设和共享国家人口基础信息库，努力实现1亿左右农业转移人口和其他常住人口在城镇落户，进一步促进了城乡均衡发展、公共服务资源均等化，以及城乡一体化进程。

◎●◎ 再也没有后顾之忧

陈小霞是山东省商河县沙河乡高家村村民。2013年春天，28岁的陈小霞换了户口本，变成了“城里人”。

陈小霞转户到城里，很大程度是为了孩子上学。“如果没有转户的话，孩子只能在农村读书。高家村里没学校，要到邻村去读。来了县城，什么都不用担心了。”陈小霞说。

陈小霞转户，缘于商河县大刀阔斧推行的户籍改革。2年前，商河县实施户改新政，承诺农民转入城镇户口之后，享有同等的“城市五项待遇”，包括养老保障、教育保障、医疗保障、就业保障和住房保障。同时可保留“农村五项权益”，包括保留承包地、宅基地、林地三项权益，以及保留计划生育政策和各项惠农补贴。如今，公公婆婆仍然住在老家，一溜6间房子，200多平方米的院子，宽敞整齐。10多亩地，由公公婆婆照顾，种玉米种小麦，挣不了多少钱。陈小霞说："庄稼人，最舍不得的，就是地。"

陈小霞在商河县城现在住的这套120平方米、三室两厅的房子，是3年前买的。之前，她和丈夫在济南打工租房住，只有周末才能回老家看看孩子。如今落户到县城，两口子都在县城工作，照顾孩子不用来回跑了。小区紧邻人民公园，休闲健身都方便，出门就是商场，生活质量高多了。

在陈小霞的记忆里，以前能到城里上班，那就意味着吃上"国库粮"了，很让人羡慕。陈小霞说，上城镇户口这样的"好事"，以前连想都不敢想，现在却成了真事。

2022年7月12日，国家发展改革委发布关于印发《"十四五"新型城镇化实施方案》的通知。方案提出，放开放宽除个别超大城市外的落户限制，试行以经常居住地登记户口制度。全面取消城区常住人口300万以下的城市落户限制，确保外地与本地农业转移人口进城落户标准一视同仁。全面放宽城区常住人口300万至500万Ⅰ型大城市落户条件。完善城区常住人口500万以上的超大特大城市积分落户政策，精简积分项目，确保社会保险缴纳年限和居住年限分数占主要比例，鼓励取消年度落户名额限制。这一政策的出台标志着农民进城落户进入新阶段，农民进城落户更加容易了。

◎●◎ 为“流动的中国”再添活力

户籍制度，一头连着人口流动，一头连着城镇发展。改革开放40多年来，中国人口高流动性特征愈发明显，户籍制度改革促进了人口、人才和城镇的“双向奔赴”。通过改革，2021年年末，全国常住人口城镇化率达到64.72%，户籍人口城镇化率提高到45.4%，目前已有超1亿农业转移人口和其他常住人口在城镇落户。越来越多城市放开放宽落户限制，配套全了、保障多了，“新市民”感受到更多的生活便利。

“以前一个人住在出租屋里，始终感觉漂泊不定。”5年前，四川小伙陈令涛来到福建泉州打工。回想刚来的日子，他很感慨。后来，他练就一手过硬的修车本领，逐步在这个城区人口100多万的南方城市里站稳脚跟，不仅成家生子，还把父母接来一起生活。

眼看着孩子快上学、父母户口还在老家，陈令涛开始发愁户口问题。2020年年初，他听朋友介绍泉州推出落户便利化措施，像他这种情况可以自由落户。他立刻拿着劳动合同到当地人社局办理了落户手续。如今，女儿在家附近的幼儿

全面深化户籍制度改革，稳步推进农村转移人口市民化

园上学，父母户口也迁入泉州。“我现在真正感受到泉州就是我的第二故乡。”陈令涛说，他打算开个修车铺，把老家几个堂兄弟也带到泉州发展。

从农村老家外出打工20多年的刘丽也切实感受到了户口政策的便利。刘丽在安徽合肥经营一家2000平方米的足疗城，年营业额近600万元。她在城里结了婚、买了房、当了老板，但当合肥放宽农业转移人口落户条件时，她和丈夫却不敢放弃农村户口。她坦言：“真要迁的时候我就感觉在农村没啥了。如果没有地，我在城市干不动了怎么办？如果我在城市挣不着钱了，靠什么吃饭？只要在城市里碰到一点挫折，我就会冒出这种念头。”但是现在户籍制度改革，让和刘丽有着一样困扰的人免除了后顾之忧，一本小小的户口簿附着教育、就业创业、社会保险、医疗卫生、住房保障等多种基本公共服务。

从1958年至今，户口已经伴随中国人民走过了64个冬夏。64年中，我国户口制度的变革是有目共睹的，其中户口带来的限制越来越少，户口的便利程度越来越大，户口越来越向其最本真的身份证明的作用回归。户口不再成为划分城市人和农村人的依据。新时代以来，为了解决农民工群体子女的随迁和教育问题，户籍制度改革的脚步越来越大，速度越来越快，落户城市的门槛越来越低，群众的受益越来越大，进城落户越来越成为一件容易的事情。

中国要实现共同富裕，但不是搞平均主义，而是要先把“蛋糕”做大，然后通过合理的制度安排把“蛋糕”分好，水涨船高、各得其所，让发展成果更多更公平地惠及全体人民。要实现共同富裕，首要的前提是要创造和积累雄厚的物质财富，把经济这块“蛋糕”做大。在中国经济快速发展的同时，要采取公平的方法把“蛋糕”切好、分好，主要是通过合理的收入分配制度，调整分配格局，让大家都可以吃到美味的“蛋糕”，不断增进幸福感、获得感和满足感。

6

蛋糕既要做大
又要分好

01 >>> 把“蛋糕”做大

到2021年年底，我国企业数量增至4842.3万户，比2012年增长1.7倍，规模以上工业企业资产规模翻番。500种主要工业产品中，我国有四成以上产品产量位居世界第一，制造业增加值占全球比重从2012年的20%左右提高到2021年的近30%……4万多家专精特新中小企业、4762家小巨人企业、848家制造单项冠军企业各怀绝技、携手并进。

中国经济的高质量发展离不开企业的成长壮大，企业是经济活动的主要承担者，是经济发展的重要力量。近十年以来，我国企业蓬勃发展，规模更大、实力更强。其中，国有经济是我国国民经济的支柱，控制着国民经济的命脉。比如说，像大型水利设施、环保设施、城市公共交通、国防工业、航天航空、电力电网、机械工业、电子工业等这些对经济社会发展具有重大作用的行业、资源大多由国有经济支配。近年来，国有企业在改革的过程中，不断做大做优做强，为不断做大中国经济这块“蛋糕”贡献了巨大力量。

在市场大潮中转型壮大

资产总额、利润总额进入央企前十位，国有资产保值增值率保持在110%以上，2020年经营效益创历史最高水平，世界500强排名跃升至第191位，5年提升210位……“十三五”期间，保利集团经营业绩高速增长，品牌价值不断提升。这一串串数字见证了保利的成长，应时代需要而生，随时势变化而变，敢拼敢闯敢为，争做世界一流企业。

毕加索曾幽默地说过：“我不敢去中国，因为中国有个齐白石。”能让这位在西方艺术史上最具创造力和影响力的艺术大师如此敬畏的东方画家寥寥无几。

2017年12月17日晚，北京保利十二周年秋季拍卖会书画夜场上，齐白石《山水十二条屏》以9.315亿元成交，刷新全球中国艺术品的拍卖纪录，成为第一件进入“1亿美元俱乐部”的中国艺术品。这次“天价”拍卖，成为带动中国艺术品市场发展的转折点，也成为展现中国文化自信、推动中国艺术走向世界的契机。当年，保利拍卖总成交额突破100亿元，连续8年蝉联全球中国艺术品拍卖成交桂冠。

作为国资委管理的大型中央企业，党的十八大以来，保利集团改革发展取得新突破，经营业绩创历史新高，实现了“五年再造一个新保利”：2012年到2017年，集团营业收入从988.8亿元增至2500亿元；利润总额从187.7亿元增至300亿元；资产总额从3785.6亿元增至8900亿元，利润总额和净利润位居央企前列。

保利的经营范围已拓展到国际贸易、文化艺术、房地产、轻工、金融服务等领域，跻身世界500强。今天的保利，97%以上的业务贴近民生，主业基本都处于充分竞争的行业。“竞争已成了习惯，市场如战场，我们一听竞争的‘枪响’就兴奋。”中国保利集团前党委书记、董事长徐念沙说道。

◎●◎ 制造并非有工厂

做大中国经济这块大蛋糕，不仅有国有企业这个“主厨”来挑大梁，同时也少不了民营企业这个得力帮手。关于民营经济有一种说法，叫“56789”，是说民营经济对国家财政收入的贡献占比超过50%；GDP和固定资产投资、对外直接投资占比均超过60%；企业技术创新和新产品占比超过70%；解决城镇就业占比超过了80%；对新增就业的占比贡献超过90%。党的十八大以来，以习近平同志为核心的党中央高度重视民营企业，大力支持、推动和激励广大民营企业快速发展，使它成为推进经济社会发展的重要力量。民营经济在稳定增长、促进创新、增加就业、改善民生等方面都作出了突出贡献。

接下来，我们就聊一聊小米公司这家互联网企业的成长和发展历程。

小米，是一家专注于智能硬件和电子产品研发和营销的中国高科技民营企业。2010年，小米成立，小米手机一出世就凭借高配置、低价格的优势吸引了大量粉丝。作为一家年轻的公司，小米经常被拿来与苹果、三星这样的企业对比。但是，年轻且不甘示弱的小米，在这十多年间，靠着它独特的打法——互联思维和创新意识，不断发展壮大，从小到大，由弱变强，重塑国货形象，立足国内市场，开拓国际市场，开创了“小米模式”，成为了国货之光。

2019年，小米成功跻身世界500强，营业额突破2000亿元。2020年上半年，小米收入1032亿元，同比增长7.9%。目前，小米手机在全球90多个国家和地区销售，销量一直稳居全球前四，在欧洲市场销量也位列前三。

“小米从成立初始就以互联网为基础，在开发设计环节，消费者、供应商都可以通过论坛、微博、微信、QQ等方式参与；在制造环节，小米没有工厂，寻求全球分工合作，迅速地将用户线上线下反映的需求在产品上体现；在销售、营销环节，以电商直销为主，省去中间渠道，大幅降低营销费用。”小米集团总办主任魏来说道。小米，通过互联思维将消费者与生产者紧密联系起来，及时了解用户需求，推动产品升级与创新。

小米，始终以技术为本，坚持科技创新。2013年起，小米向“大米”转变，向更多的新领域进军。包括小米盒子、小米电视、小米耳机、小米充电器、小米路由器、小米空气净化器等更多产品被列入小米的开发序列中。小米，坚持做最酷的产品，做“有趣的创新”，小米发布了透明电视、电动卡丁车等新鲜好玩的产品，2020年，小米研发投入超过100亿元，自有研发团队超过1万人，在一些关键核心技术上取得较大进展。比如在屏幕技术领域，仅全面屏的专利申请就超过100项。“站在风口上，猪都能飞起来。”这是雷军的名言。小米公司，顺势而为，把握时代发展大势，瞄准了中国制造业“风口”，通过“互联网+制造业”的模式，打造“新国货”，为中国制造业智能转型提供一条新道路。民营企业在就业创业、技术创新、改善民生等方面发挥着重要作用。

02 把“蛋糕”分好

国民收入分配，是指国民收入按一定方式在国家、集体和居民个人之间的分配，包括初次分配、再分配和第三次分配等形式。初次分配，是指国民收入在生产部门初次被分解为国家收入、企业收入、劳动者个人收入三个部分。再分配是国民收入继初次分配之后在整个社会范围内进行的第二次分配。除了初次分配和再分配，国家和社会通过多种途径和多种方式的捐助活动——慈善事业，将一些人的财产直接或间接地转移到另一些人手中，客观上起到国民收入再分配的作用，因此被称为第三次分配。

“蛋糕”做大了，如何把它分好呢？大家知道，每一年我们都会创造出大量社会财富，这些社会财富要在个人、企业、政府之间进行合理分配。一般来讲，如果国家财政收入过多，就会减少企业和个人的收入，不利于企业生产的扩大和个人消费能力的增加；反之，如果国家财政收入过少，就会降低国家财政对经济发展的支持和调节力度，也不利于企业持续发展和个人生活水平的提高。因此，把“蛋糕”分好，必须协调好个人、企业和国家三者之间的收入分配关系。

◎●◎ 农民增收的喜悦

党的十八大提出，要千方百计增加居民收入，实现发展成果由人民共享。为此，必须坚持“两个同步”和“两个提高”[①]，进一步深化收入分配制度改革，初次分配和再分配都要兼顾效率和公平，再分配更加注重公平。同时，要健全劳动、资本、技术、管理等生产要素按贡献参与分配的制度。党的十九大报告、二十大报告也进一步强调了要构建合理的分配格局，完善基本的收入分配制度，拓宽就业渠道，促进劳动者就业，增加居民收入，不断提高人民生活水平。

在陕西杨凌农业高新技术产业示范区揉谷镇，到处是进

① “两个同步”是指，要努力实现居民收入增长和经济发展同步、劳动报酬增长和劳动生产率提高同步；“两个提高”是指，要逐步提高居民收入在国民收入分配中的比重，提高劳动报酬在初次分配中的比重。

■ 2022 年 6 月 2 日，西安市长安区“田间里农机课堂”上，西安市农机监理与推广总站特邀西北农林科技大学朱瑞祥教授为全市农机技术干部、农机手讲授玉米密植、小麦宽幅沟播、机手减损以及保护性耕作等技术知识，颇受欢迎

修培训的农民“学生”忙碌的身影。这些人是奔着马新世来的——他可是为数不多的高级职业农民。马新世琢磨的新技术不仅能减化肥、减农药，还能提高作物产量。“让农民学得会、用得着、真管用。”马新世说，来这里打工，一天工资有两三百元，还能学会瓜菜的种植新技术。这里的“田间课堂”带动大学生、返乡务工人员等200多人找到产业路，累计培训达2000多人次。“授人以鱼不如授人以渔”，技术培训提高了劳

农民朋友在田间学习种植新技术

动者素质，增强了劳动者能力，增加了劳动收入。

“质量就是市场，牌子就是竞争力。”在江西产茶大县遂川，白土村茶农罗传恩注册并经营了多年“遂牌”茶叶，他对茶叶很有心得。2022年，不少老客户通过手机下单，他坐在家里指挥采摘、制作、发货。“前不久，南昌一家公司一口气订了800斤茶叶，销售额30多万元！”绿色纯天然就是他的金字招牌，好品质就是他成功的诀窍，品牌让罗传恩的收入涨起来了。

重庆市奉节县永乐镇大坝村，“花果同树”的美景吸引来不少游客驻足拍照留念。“好生态产出好产品，好风景也能变成好钱景。”大坝村党支部书记熊云波说，当地1.2万亩脐橙树长在青山绿水间，村里人跟着吃上了“旅游饭”，发展农家乐6家，脐橙休闲农业龙头企业及合作社11家，2020年累计接待游客1.8万人次，收入540万元。天然的地理优势、丰富的自然资源、勤劳的人民群众，让大坝村的日子越过越好，是绿水青山让农民富起来了。

多种渠道促增收的场景一幕幕展现在我们眼前：生态旅游业、休闲农业、特色种植业等这些乡村特色产业拓展了乡

硕果累累丰收季

村的生态涵养、休闲体验、文化传承等功能，提供了更多就业的机会，增加了人们的收入，让人们走上了富裕的道路。在希望的田野上，孕育着增收的喜悦。

◎●◎ 托起稳稳的幸福

党中央一再强调，要加快健全以税收、社会保障、转移支付为主要手段的再分配调节机制，进一步履行好政府再分配调节职能。分好“蛋糕”除了初次分配要分好，再次分配也很关键。那什么是再分配呢？再分配就是在初次分配基础上，国家通过税收、社会保障、转移支付等主要手段对收入进行再次调节，帮助人们把“蛋糕”分得更好更公平一些。比如，在现实生活中，人们可能会生病、会失业、会遇到突发事故和灾难，但是不用担心，国家的社会保障会帮助我们解决问题、渡过难关。作为再分配的一种基本手段，它是民生“保障网”和“安全网”，会让人们生活得更踏实、更安心。

先前在深圳打工的赵小辉，毅然决然地辞去工作，选择回到家乡。因为他听说，老家河南省唐河县产业集聚区内的企业大量招工，不仅工资福利好，五险一金齐，而且县里在住房、子女教育等方面还有优惠政策，“没想到经济适用房手续这么快就办下来了，停车位、小公园、幼儿园都齐全，我这心里真敞亮！”小赵满心欢喜，脸上洋溢着幸福的笑容。有房子的地方就是家，住房是人们心中的大事。这些年，我国加快完善以公租房、保障性租赁住房和共有产权住房为主体的住房保障体系，解决不同层次、不同群体的住房需求，不断为人们雪中送炭，让人们住有所居、住得舒心、安居乐业。

基本医疗、大病保险、异地就医、远程看病不再是难事

“不出村就能找大医院专家看病！”在村卫生室，山西省忻州市五寨县砚城镇中所村村民老郭对着电脑摄像头，请省中医院的专家诊断病情。“要搁以前，得起大早奔太原，路上3个小时，还不一定能挂上号。”老郭对远程诊疗系统竖起了大拇指，他在家中

享受“云看病”“云问诊”的便利服务。基本医疗、大病保险、异地就医、远程看病不再是难事，“一号”申请、“一窗”受理、“一网”通办日益普及。到2019年年底，我国已经建立起统一的城乡居民基本医保制度，无论是城里人还是农村人都可以享有公平的就医权益。截至2022年年底，我国基本医疗保险覆盖13余亿人，已经建成世界上规模最大的社会保障体系。

“去年养老金又涨了。”82岁的陈爷爷是广州一家纺织厂的退休员工。他说，现在每月能领4000多元，日子越过越舒心。2022年春节前，湖南省邵阳市邵东市牛马司镇上桥村村民老肖收到了村干部送来的慰问品和慰问金。老肖没有劳动能力，如今每月能领400多元的低保收入，还能从村办扶贫产业中分红200元。老肖心里别提多高兴了。2012—2021年，中央财政累计投入359亿元支持养老服务设施建设。我国基本养老保险覆盖超10亿人，截至2022年一季度，全国各类养老机构和设施总数达36万个、床位812.6万张，高龄津贴、养老服务补贴、护理补贴、综合补贴等各种补助为老年人解决实实在在的生活问题，满足老年人多层次、多样化的养老服务需要，做到老有所养、老有所护、老有所乐。

03 用好“公平尺”和“调节器”

量尺或尺子，是一种测量物体长度的工具。一些商店、农贸市场、购物中心的服务台通常都会提供尺子，方便有需要的顾客检验所购货物长度是否准确和足量，这就是所谓的公平尺。至于调节器，简单说就是一种能够起到调节和修正作用的工具，它能使事物保持合理运行状态，比如自行车的调速器、汽车的调挡器、电机的调压器等。其实，社会财富这块“蛋糕”的分配也需要“公平尺”和“调节器”，以便使财富分配更加合理、更加公正。

做大“蛋糕”和分好“蛋糕”，需要市场和政府协同发力，既要发挥好市场在资源配置中的决定性作用，又要更好地发挥政府宏观调控的作用；既要用“看得见的手”（政府），也要用“看不见的手”（市场），手拉手相互配合；既要用好“公平尺”，又要用好“调节器”，二者相互协调，实现资源的优化配置。

◎●◎ 直播带货成了新农活

我们在生活中每天都和市场打交道，比如说，随处可见的商品市场、服务市场、劳动力市场、资本市场等。市场不仅让我们的生活更加便利，而且可以有效配置社会资源，促进商品和服务等要素的交换，为各种市场主体公平交换和公平竞争提供了舞台。比如说，近些年来，随着信息化、数字化、智能化的发展，很多农民搭乘直播平台的顺风车，追赶直播带货的热潮，在田间地头搭建直播间，瞬间让农副产品变成“网红产品”，农民变身为“新农人”，干起来“新农活”。

甘肃省清水县黄门镇小河新村村民景彩彩50多岁，2009年丈夫因病去世。“2013年，我家被定为建档立卡贫困户，在政府帮扶下开始种苹果。”景彩彩说，借助扶贫贷款，苹果园扩大到了6亩。“就是卖苹果的时候发愁。”景彩彩只好拉架子车、推独轮车，翻山越岭赶集卖苹果。

庆幸的是，景彩彩赶上了好时候、好政策。2017年，清水县大力发展农村电商，完善物流和网络设施。小河新村举办微信直销电商夜校，手把手教村民开网店。景彩彩报名上了夜校，学会了网上卖苹果。2017年，她通过电商卖苹果挣了4万多元，“今年很多老顾客已经等着下单了！”景彩彩自豪地说。

目前，直播带货风头正盛。截至到2021年12月，我国网络直播用户规模达到7.03亿，其中，电商直播用户规模为4.64亿，依靠主播推荐，平台推广，为商品销售创造了更多途径。直播带货可以捕捉市场需求，拓宽销售渠道，增加人们的收入，不仅让平民百姓腰包鼓起来，创新了消费方式，而且带动了就业创业。2020年，淘宝直播一年共带动相关就业超173万人。

农民朋友在田间地头直播

◎●◎ 减税降费，助企纾困

仅仅依靠市场的自发调节，很容易导致收入分配差距拉大。因此，还需要政府通过宏观调控缩小收入分配差距。其中，减税降费是宏观调控的重要方式，是一项惠民利民的好政策。2022年，我国实施新的组合式税费支持政策。国家税务总局统计数据显示，“截至2022年5月16日，已累计为企业减轻税费负担和增加现金流超1.6万亿元，共有11029亿元留抵退税款退到纳税人账户，税务部门共办理制造业中小微企业缓缴税费3778亿元”。国家税费政策的大力支持，让企业尤其是中小企业吃了“定心丸”、打了“镇定剂”。减税降费持续发力，增强企业信心，惠及更多纳税人。

“咔嗒咔嗒，咔嗒咔嗒……”走进南京市栖霞区的一家光电科技有限公司，灯火通明的车间里正在全力生产。这家公司是一个拥有200多名员工的高新技术企业，主要生产液晶行业所需要的双面胶带和棱镜光学膜。“2021年企业发展快速，销售额达到2亿多元，但受外界因素影响，上游一些原材料厂家停产，导致企业运营出现一些问题。”企业总经理说道。但正是因为真金白银的财税政策支持，企业不但没有裁员，还在近期招聘了近50名操作工。据负责人介绍，

2022年上半年，企业享受了增值税和企业所得税缓缴半年等政策。同时，作为高新技术企业，享受减按15%税率征收企业所得税的优惠政策，公司省下了近70万元的企业所得税税款。此外，还享受到城建税等附加税费优惠，减免税款10余万元。这些税款的减免不仅减轻了企业资金的压力，而且帮助企业恢复了产能，加快了创新研究。

中小微企业的最大成本是人力成本，也是企业实现创新发展的基础资源。前不久，广东省出台了一系列助企纾困、稳保就业的政策措施。如吸纳高校毕业生社会保险补贴、高校毕业生到基层就业补贴、稳岗返还补贴……多项优惠政策措施让企业有更多的能力和信心招到优质的毕业生，不仅满足企业经营的需要，而且帮助毕业生们解决就业问题，让青年才俊有用武之地。一家中小微企业的负责人介绍说：“今年我们计划招聘材料、软件工程专业的博士生和硕士生20人，机械、电控、材料专业本科生25人，以及机电专业的大专生40人。我们公司主要生产金属3D打印设备，技术含量较高，所以更倾向于从学校招聘，学生的专业知识比较扎实。”由于当地出台的这些利好政策，使得企业选人用人有了政府的支持和保障，企业也更有信心和底气了。

◎●◎ 无私捐助，让生命如此绚烂

做大“蛋糕”和分好“蛋糕”，不仅要合理进行初次分配和再分配，而且要重视发挥第三次分配的作用。所谓第三次分配，是指一些企业、社会组织、家庭和个人等，基于自愿原则和道德准则，以募集、捐赠、资助、义工等慈善、公益方式，对所属资源和财富进行分配。

她“手紧”“悭吝”，家里值钱的“几大件”包括2016年买的一部价值1700多元的智能手机；2017年花2000多元买的34寸电视机；她酷爱摄影，下了好几次决心才放下用了多年的卡片机，买了个几千元的单反相机；平时穿的衣服、用的包从不超过100元……但是她却慷慨捐赠，救助失学儿童。

她是谁？她是一位普通的退休女工，是一位平凡朴素又无私的人。她叫王娅。王娅多次向兴华青少年助学基金会捐款，帮助孩子们继续完成学业。在她看来，让孩子们上大学甚至读研是她最快乐的事情；当她得知自己已经是胰腺癌晚期后，她放弃使用昂贵的化疗药，省下治疗费，她想多资助几个学生；在她生命的最后时刻，毅然决定将仅有的一套商品住宅房捐赠给基金会，用来资助更多的贫寒学子。不仅如此，她还签署了遗体捐赠协议，她爱花，“花送人了，走时穿的衣服准备好了，遗体捐赠的手续都办完了，看我这具身体走了后还有什么用就全部拿去。”“我现在最大的心愿就是赶紧把房子捐赠的手续办完。”王娅心心念念的就是那帮贫困的孩子们，想着在生命的尾声还能为他们做些什么事情。

从1989年捐给希望工程的100元开始，到捐给天津市救灾扶贫的5000元，再到给中国教育发展基金会的捐款……七八张保存完好的收据、证书，记录下王娅20年来从未间断的捐赠之路。

王娅的事迹告诉我们——我们每个人都可以奉献自己的爱心，为社会贡献自己的力量。在中国，像王娅这样的人还有很多，他们用自己的行为诠释着责任与担当、善良与仁爱，他们崇德乐善、扶贫济困、无私奉献的精神值得我们点赞！

正确的认识能够指导实践取得成功，错误的认识会把实践引向歧途。在扎实推动共同富裕的过程中，必须纠正认识上的几个错误。首先，共同富裕不等于整齐划一的同等富裕，而是存在一定差距的富裕，因此不能搞平均主义。其次，共同富裕不同于西方福利主义，实现共同富裕要“尽力而为、量力而行”，防止落入福利主义的陷阱，不能等靠要，不能养懒汉。再次，共同富裕不是“劫富济贫”，而是靠全体人民共同奋斗来实现的，不是要强制夺取富人财产来救济贫困，而是通过税收、慈善捐助等形式进行适度调节，以缩小财富分配差距。

7

正确认识共同富裕

01 >>> 不能搞平均主义

在我国，平均主义有长期的历史根源和广泛的社会基础。即使是在今天，人们有时候还习惯于搞平均主义、吃“大锅饭”这种做法。由于“平均主义”缺乏竞争和激励，不利于调动劳动者的积极性，从而导致工作效率低下、生产发展缓慢、生活水平落后。共同富裕绝不能搞这种所谓的“平均主义”。

有人认为，共同富裕就是搞平均主义、吃“大锅饭”，把共同富裕理解为大家同时、同步和同等富裕。还有人认为共同富裕意味着社会财富的平均分配、劳动成果的平均占有。实际上，这些说法都陷入了平均主义的认识误区。共同富裕绝不是同步富裕和同等富裕，更不是搞平均主义，而是允许有一定差别的存在。比如说，在个人收入上，因为劳动能力、工作能力不同，因此就应当允许差异的存在，并且让先富的那群人带动后富的才能实现共同富裕。

◎●◎“浙东红村”的先富样板

浙江省余姚市梁弄镇横坎头村，曾经是浙东抗日根据地指挥中心，中共浙东区委、浙东行政公署、浙东抗日军政干校、浙东银行等一批红色旧址都坐落于此。如今横坎头村是全国文明村、全国乡村治理示范村、省全面小康建设示范村，是一个名副其实的“红村”。2001年，6个小自然村合并成横坎头村，全村面积7.3平方千米，共有871户，总人口近2500人，村民人均收入不足2700元。当时，村委会账本上还清晰地写着：未付账款45万元。

2003年春节前夕，浙江省委书记习近平到横坎头村考察调研，提出了建设“全国革命老区全面奔小康样板镇”的殷切期望，后来又回信鼓励党员群众加快老区开发建设，尽快脱贫致富奔小康。时隔15年，2018年2月，横坎头村全体党员给习近平总书记写信，汇报该村的发展变化情况。习近平总书记给横坎头村全体党员回信，勉励他们不忘初心、牢记使命，努力建设富裕、文明、宜居的美丽乡村。收到回信的横坎头人备受鼓舞，更加奋力描绘着共富共美的美好乡村画卷。按照“发展红色旅游、利用绿色资源、壮大特色农业”的发展思路，横坎头村顺利完成居住在红色旧址的住户的全部搬迁工作，对旧址群进行了保护性修缮并重新布展，改善了周边环境，完善了配套设施，让“浙东红村”的面貌焕然一新。依托自然资源，发展特色旅游业和绿色农业，获得了中国美丽休闲乡村、国家森林乡村等国家级重要荣誉称号。

位于横坎头村文化礼堂屋顶的铜铟镓硒（CIGS）分布式光伏电站

◎●◎“共富联盟”火了！

为了让更多村民享受发展红利、真正实现村民们的共同富裕，横坎头村成立了“红村互助发展联盟”，（以下简称“联盟”）将村内所有农家乐、民宿、蛋糕店、农场等商户纳入其中。当接到订单时，村委会通过数字化平台向“联盟”下单，“联盟”内成员在平台内接单，从而保证“联盟”成员均有单可接、有钱可赚。2021年，横坎头村的村级集体经营性收入达359.6万元，村民人均可支配收入超过4.4万元。

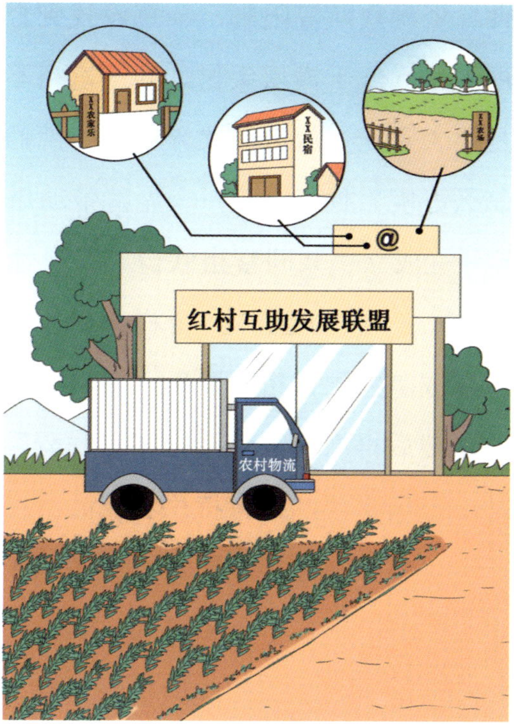

■ “红村互助发展联盟”助力村民实现共同富裕

然而，除了横坎头村，在四明山地区，还有甘宣村、白水冲村、贺溪村等村庄。不同的是，这些村庄囿于自然条件、资源禀赋等限制，一直没找到合适的发展门路，经济发展水平远低于横坎头村。共同富裕不是要“一枝独秀”，而是要“百花齐放”，梁弄镇的干部们懂得这些道理。那么，怎么办呢？他们决定——先富带动后富。怎么干呢？他们决定——成立“共同富裕联盟”。具体来说，就是以横坎头村为核心，加上毗邻的5个村和镇里经济落后的3个村，共同组建成“共同富裕联盟”。由“共同富裕联盟”承接生意订单，然后再派单给“共同富裕联盟”的各村，各村也能通过统一电商平台，销售特色农产品。现在，各村发展旅游也不再是“单打独斗”，而是“抱团取暖”，各村协力打造精品旅游线路，留住了更多客人，卖出了更多农产品，都获得了更多收入。2022年初，横坎头村把“强村帮弱村”“富村带穷村”的做法推行到省外，与四川凉山昭觉县三河村同步举行“重温回信精神　奔向共同富裕”直播带货活动，两村走进同一直播间，互相助力产品销售，共同奔赴致富之路。

02 谨防“福利主义”养懒汉的陷阱

实现共同富裕，要“尽力而为、量力而行”。尽管实现共同富裕也需要建立和完善社会福利和保障制度，但这些福利制度和政策并不是要搞福利主义。要统筹需要和可能，把保障和改善民生建立在经济发展和财力可持续的基础之上，不要好高骛远，吊高胃口，作兑现不了的承诺。政府不能什么都包，重点是加强基础性、普惠性、兜底性民生保障建设。即使将来发展水平更高、财力更雄厚了，也不能提过高的目标，搞过头的保障，坚决防止落入“福利主义”养懒汉的陷阱。

推动全体人民共同富裕是一种共建共治共享的富裕，是要靠全体人民共同奋斗来实现的。幸福都是奋斗出来的，共同富裕不会在“躺平”中实现。如果将我国的共同富裕目标等同于高福利、全福利，就会陷入“福利主义”养懒汉的陷阱。在现实生活中，只有勤劳肯干才能使“贫穷的懒汉”变成“了不起的致富带头人”。

◎●◎ 从懒汉的“黑历史”说起

广东省河源市龙川县周塘村有一位致富带头人叫李大刚，他的故事十分有趣，因为这就是一出活生生的“懒汉脱贫记”！

说起眼前的这位致富带头人，龙川县周塘村第一书记、扶贫工作队队长赖裕青回忆道：“我们对他的第一印象就是懒懒散散的，这里东一餐，那边西一餐。老婆跟他离了婚，三个小孩也要靠乡亲邻里的帮忙才能勉强维持生活，口碑也不太好。”

确实如此，当时的李大刚不仅给赖书记留下了糟糕的第一印象，更是全体村民的嫌弃对象。“混混儿”、“二流子”、游手好闲、好吃懒做……村民们的几句话语就坐实了李大刚的“黑历史”。

李大刚是周塘村土生土长的村民，他头发蓬乱，皮肤黝黑，经常挽起裤脚，光着脚丫，游走在田间地头，四十多岁了，还住在上几代人留下来的一个破旧的土房子里。由于李大刚的懒惰，他家里连最基本的温饱问题都没有办法自行解决，妻子无法忍受“东借一餐”“西借一餐”的窘迫状态，无奈选择离婚。

从此，李大刚的“寒窑”里只剩下他自己和三个孩子。妻子的离去使李大刚更加自暴自弃，三个孩子只能依靠政府和社会的救助勉强生活和求学。这样“灰暗”的人生，李大刚尚不知道要过到什么时候。

◎●◎ 懒汉“变形记”

2016年，李大刚被纳入周塘村建档立卡贫困户，自此，他在结对帮扶单位深圳市东部公共交通有限公司的帮扶下正式开始了自己的懒汉“变形记”。

扶贫工作人员了解和分析了李大刚的情况，认为李大刚的问题首先要从思想上解决。结对帮扶期间，工作人员经常上门同李大刚谈思想、讲政策、举实例，多次劝导他脱贫要靠劳动，不能得过且过，要为儿女着想，持续以多种形式慰问、开导他。终于，这个懒汉的思想慢慢开始转变了，工作人员以免费发放鸡苗并承诺回购等实质性措施成功激励李大刚开始勤劳致富。

回想起当时，李大刚咧开嘴笑了，说道：“刚开始他们叫我试一下，说养的鸡他们会统一回收的，后来土鸡养大了，他们就来回收了，我就赚了8000元钱，很开心！这样养鸡能赚到钱，我心里觉得非常踏实。”

后来，在扶贫工作人员的引导和帮助下，李大刚又种植了5亩百香果。在他的精心打理下，百香果长势喜人，第一年的经济收益就接近2万元，李大刚生平第一次算是“有钱人”了。“有钱了”的李大刚开始转变了，他剪了头发，剃了胡须，给自己和孩子们添置了干净的新衣服，也不再见人就躲了。令工作人员感到最欣慰的是，李大刚不再游手好闲了，而是起早贪黑地忙着自己的养殖和种植工作。

同时，李大刚还用种植百香果“以奖代补”领取到的财政产业扶持资金，买了上百只小鸡，还开垦鱼塘养起了鱼。“家禽+果树+鱼塘”三位一体的微循环立体养殖模式使他开始逐步摆脱贫困。在国家政策和帮扶单位的支持下，李大刚顺利完成了危房改造工作，住进了新房，彻底告别了“衣食无着”的生活。

◎●◎“致富带头人”的“华丽转身”

2018年3月，越来越有干劲的李大刚被选为村肉鸡养殖项目带头人，争取到周塘村14户贫困户以财政资金投资入股的15.7万元项目启动资金，正式开展肉鸡养殖项目，并带动9户贫困户参与其中。此时，李大刚这位昔日懒汉真正实现了“致富带头人”的“华丽转身”。

李大刚说道：“第一次（做项目）是工作队投资了15万，一批养了1万只，后来养了两个多月卖出去了，赚了差不多2万块钱。我从来没有想过有这样的一天，不但自己能赚钱，还可以带动其他贫困户一起赚钱。”至此，李大刚不仅获得了肉鸡养殖产业的第一桶金，还创下了新养殖户损耗率最低——1万羽肉鸡只损耗了200多羽的奇迹。

2019年，有了肉鸡养殖经验的他主动向扶贫工作队申请，争取了22万元扶贫资金，修建了第二个养鸡场；扩建后，在原有养殖规模的基础上，养殖场产能增加到了2万羽/批次，年产值提升到了147万元，直接带动入股贫困户每年增收10多万元。

成为产业致富带头人之后，李大刚彻底摒弃了往日的懒汉形象，凭着自己勤劳、踏实的品行娶到了心仪的媳妇，重新组建了幸福美满的家庭。李大刚坚定地说道："我赶上了好的政策、好的干部，所以找到了适合自己的产业，接下来，我会靠自己的双手去做这个事业，相信生活也会越过越好的。"

03 共同富裕不是“杀富济贫”

武侠小说里有很多“杀富济贫”的故事，听起来确实让人感到热血沸腾。然而，实现共同富裕万万不可如此来干，“杀富济贫”绝对不是通往共同富裕的正道。共同富裕要靠共同奋斗，这是根本途径。要鼓励勤劳致富、创新致富，鼓励辛勤劳动、合法经营、敢于创业的致富带头人，允许一部分人先富起来，先富带后富、帮后富，不搞“杀富济贫”。

当今社会中，有些人将共同富裕错误地理解为“劫富济贫”或“杀富济贫”，并因此惶恐不安。中央财经委员会办公室对此做出了明确解释，共同富裕是社会主义的本质要求，要鼓励勤劳致富、创新致富，不搞“杀富济贫”。共同富裕需要靠大家共同来奋斗，先富带后富、帮后富，而不是要剥夺先富者的财产救济后富者。

◎●◎“娃哈哈”的创业之路

娃哈哈创始人、董事长兼总经理、浙商精神的代表人物之一宗庆后表示：“一些企业以为要杀富济贫，这是误会。”

1987年，杭州市上城区文教局对校办企业开展承包工作，招标校办企业经销部经理，利润指标是4万元。宗庆后认为这是一个可以发挥自己才能的舞台，于是他主动招标认购任务，保证创利10万元，大家都认为他在吹牛。最终，经销部连他在内一共3个人，每天代销利润微薄的棒冰、汽水、校簿、文具和中国花粉口服液，一年后终于拿出了一份体面的成绩单：销售总额436万元，利润22万元，比宗庆后保证的创利指标超出了一倍多！

后来，宗庆后的企业逐渐成为全国校办企业的佼佼者，但他认为企业没有自己的产品，终究不是长远之计。他了解到很多独生子女因为偏食而产生了营养不良的问题，便产生了生产一款儿童营养液的想法。于是开发出了中国第一支儿童营养液，起名为“娃哈哈”。从此，“喝了娃哈哈，吃饭就是香”的广告语响彻大江南北，娃哈哈营养液一炮而红、供不应求。

娃哈哈营养液销售火爆的同时，宗庆后遇到了产能不足的问题，亟须扩大生产规模。1991年，在杭州市委、市政府的支持下，娃哈哈以一个百人民营小厂，花8000万元兼并了有2000多名职工、500多名退休工人、资不抵债的国营老厂杭州罐头食品厂。兼并后，宗庆后带领员工们28天拉起一条生产线，百日之内让杭州罐头食品厂扭亏为盈，同时壮大了娃哈哈。可以说，“小鱼吃大鱼”是娃哈哈走向规模经营的关键一步。

1994年，全国支援三峡库区建设，宗庆后表态同意兼并受淹的三家特困企业，并力排众议在涪陵建了厂。1995年春节，果奶车间投产，3个月即扭亏转盈。由于名声在外，很多贫困地区都来娃哈哈招商，娃哈哈开始走向全国，实现了“销地产、产地销”，这与“联销体”模式共同构成了企业的擎天双柱。1996年，娃哈哈与法国达能集团开始合资。但从2006年下半年以来，由于达能在中国的其他项目效益不佳甚至亏损，便开始打起侵占娃哈哈利益的主意。一场长达3年的合资纠纷于2009年解决，娃哈哈和达能达成和解协议。娃哈哈最终赢得了这场“尊严之战”，更加自信地参与国际竞争。

“娃哈哈创业路上有百般艰难，但在中国共产党的正确指引下，改革开放为我们创造了大舞台、大机遇，每一次遇上困难，我们都能顺利克服，都会成为娃哈哈的一次巨大跃升。”这是宗庆后回顾了娃哈哈创业史得出的结论。如今，娃哈哈集团有限公司已经成为中国最大，全球第五的食品饮料生产企业，企业规模和效益连续20年位居行业领先地位，成为中国最大、效益最好、最具发展潜力的食品饮料企业。

◎●◎ 先富不忘饮水思源

宗庆后说：“我们是党的改革开放政策下第一批富起来的人，是党给了我们一个施展自己才能的舞台，改变了我们的人生，因此民营企业家要饮水思源，感恩党，听党话，跟党走，弘扬企业家精神，发挥企业家作用，积极承担社会责任。”

2021年6月20日，在杭州市—甘孜州对口支援和东西部协作联席会议上，宗庆后代表娃哈哈集团向甘孜州捐赠324台电脑和28台教学一体机。对加快发展地区进行“慈善捐赠”早已成了娃哈哈集团的日常。围绕产业扶贫、捐资助学、扶危济困、支持“三农”四个重点，娃哈哈至今累计慈善捐赠超6.5亿元。而在四个重点中，教育是宗庆后最关注的领域。他说：“娃哈哈是‘校办企业’，赚钱办教育，天经地义。”

娃哈哈的“春风行动”在20多年时间里累计捐款1.046亿元，帮助3万余名学子圆了“大学梦”；2007年起先后援建22所希望小学、1所对口帮扶小学，100个阳光操场；2009年启动“接过爱心教鞭，托起明天希望”大型爱心支教公益行动；2012年开始的“筑巢行动”，累计捐赠2950万元，在8省26县援助52所学校，让孩子们都拥有自己温暖的宿舍。

◎●◎ 做“张謇式”社会企业家

宗庆后实现创业初衷，脱离贫困之后，便开始思考如何让更多的人走向共同富裕。在娃哈哈集团内部，员工每个月有保底奖金、利润分红和干股分红，公司为员工解决了住房问题，降低生活成本，帮助员工安家立业。与此同时，公司激发员工潜力和爱好，让员工不仅实现物质的富裕，更要实现精神的富足。

娃哈哈集团也是浙商群体中最早参与扶贫的企业之一。早在1994年，娃哈哈集团就对口支援三峡库区移民建设，兼并重庆涪陵三家特困企业，组建了娃哈哈涪陵分公司，为

■ 国内某品牌水源取水地长白山一景

1000多位工人提供了工作。对涪陵的援助也让宗庆后相信，扶贫不应仅仅是资金援助，重点是要用产业激活当地资源，使地区有持续造血的能力。娃哈哈相关负责人介绍，此后，娃哈哈集团先后在四川广元、湖北红安、吉林靖宇、吉林延边、江西吉安等中西部、贫困地区的17个省市，投资86亿元建立了72家分公司，促进了当地的经济发展，解决了13000人的勤劳致富问题。

“在有余力的同时，企业家应多做公益，努力成为‘张謇式’的社会企业家，共同创建更美好的社会，让人民群众学有优教、病有良医、住有所居，这是党和国家推动的重点，也是企业家努力的方向。”这是宗庆后的追求，也是企业的担当，更是国家对民营企业家的希冀。

在完成了第一个百年奋斗目标之后，我们党带领全国人民开启了全面建设社会主义现代化国家的新征程。以习近平同志为核心的党中央高瞻远瞩，从更好满足人民日益增长的美好生活需要出发，把逐步实现全体人民共同富裕摆在更加突出的位置，并为进一步实现共同富裕绘就了路线图和时间表，擘画了21世纪中叶基本实现全体人民共同富裕的宏伟蓝图。

8

绘就共同富裕的新图景

01 >>> 循序渐进“三部曲”

让人民生活幸福，是“国之大者”。从社会主义本质出发，统筹效率与公平，聚焦一个“共”字，是共同富裕的经济学。实现共同富裕，既要尽力而为也要量力而行，要在高质量发展中扎实推动共同富裕。改革开放以来，尤其是党的十八大以来，中国在政治、经济、文化、社会、生态等各方面取得了辉煌的成就，为实现共同富裕和中华民族的伟大复兴奠定了坚实的基础。

促进全体人民共同富裕是一项长期任务，要深入研究不同阶段的目标，分阶段进行。为此，党中央对扎实推进共同富裕作出了总体性战略安排，奏响了新征程上决胜共同富裕的“三部曲”。

◎●◎ 共同富裕迈出坚实步伐

到“十四五”末，也就是到2025年年末，我们的目标是：“全体人民共同富裕迈出坚实步伐，居民收入和实际消费水平差距逐步缩小。”怎么理解呢？我们还是来看看“十四五”规划纲要是怎么描述的吧！

首先，推进共同富裕，发展还是第一位的，没有生产力的高度发展，共同富裕就可能变成空中楼阁。因此，在未来五年里，我国经济社会发展的主要目标之一，就是要实现经济发展取得新成效，在质量效益明显提升的基础上实现经济持续健康发展，在现代化经济体系建设方面取得

■ 2022 年 9 月 25 日，甘肃省张掖市高台县许三湾戈壁滩上的 300 多亩马铃薯进入收获期，实现了种植、收获全程机械化作业，促进企业增效，农民增收

重大进展。

其次，夯实经济发展这个坚实的物质基础，下一步就是要缩小居民收入和实际消费水平差距，促进全体人民共同富裕迈出坚实步伐。收入分配是民生之源，优化收入分配结构是缩小居民收入和实际消费水平差距最重要、最直接的方式。“十四五”规划明确指出要优化收入分配结构，坚持居民收入增长和经济增长基本同步、劳动报酬提高和劳动生产率提高基本同步，持续提高低收入群体收入，扩大中等收入群体，更加积极有为地促进共同富裕。保持居民收入提高和经济增长之间基本同步、相互协调，持续提高低收入群体收入，扩大中等收入群体，有利于推动我国的收入分配结构朝着“橄榄型”结构转变，更加积极有为地促进共同富裕。

此外，还有一些比较具体的增进民生福祉的目标，如“实现更加充分更高质量就业，城镇调查失业率控制在5.5%以内，居民人均可支配收入增长与国内生产总值增长基本同步，分配结构明显改善，基本公共服务均等化水平明显提高，全民受教育程度不断提升，劳动年龄人口平均受教育年限提高到11.3年，多层次社会保障体系更加健全，基本养老保险参保率提高到95%，卫生健康体系更加完善，人均预期寿命提高1岁，脱贫攻坚成果巩固拓展，乡村振兴战略全面推进，全体人民共同富裕迈出坚实步伐”。总之，一个五年接着一个五年干，在实现共同富裕的大路上扬帆出发。

◎●◎ 共同富裕实质性进展

到2035年，我们的目标是“全体人民共同富裕取得更为明显的实质性进展，基本公共服务实现均等化”。对此，“十四五”规划纲要对2035年共同富裕的远景目标作了展望，比如说，人均国内生产总值达到中等发达国家水平，中等收入群体显著扩大，基本公共服务实现均等化，城乡区域发展差距和居民生活水平差距显著缩小、人民生活更加美好，人的全面发展、全体人民共同富裕取得更为明显的实质性进展。

2021年，我国GDP增长领先全球，占全球18%以上，人均GDP达到12551美元，位居193个国际货币基金组织成员的第62位，超过世界人均GDP水平，经济总量和人均水平实现新突破。一般来说，中等发达国家或经济体的人均GDP入门水平基本在2万美元左右。按照这一标准，即使考虑到汇率等因素变动的情况下，“到‘十四五’末达到现行的高收入国家标准，到2035年实现经济总量或人均收入翻一番，是完全

基本公共服务建设的基本领域

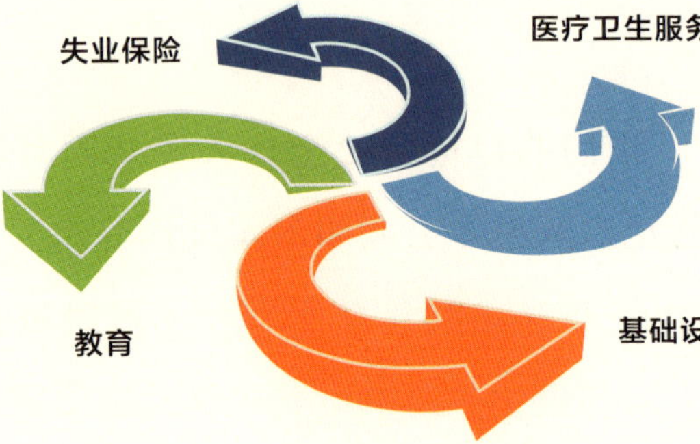

未来，到 2035 年实现基本公共服务均等化

人们在教育、社保、基础设施建设、公共卫生等方面的需求都能得到基本满足

有可能的”。

实现基本公共服务均等化是提升人们幸福感，人们生活富裕的重要体现。基本公共服务涉及人民生活的方方面面，例如医疗卫生服务、失业保险、基础设施建设、教育等都是基本公共服务建设的基本领域。未来，到2035年实现基本公共服务均等化，意味着无论你在城市还是农村，无论你从事何种类型的工作，无论你是高收入者还是低收入者，人们在教育、社保、基础设施建设、公共卫生等方面的需求都能得到基本满足，并且公共服务资源在不同地区、城乡和社会群体之间的差距显著缩小，在基本公共服务方面达到水平大致相当、均衡配置的状态。

随着居民收入的持续稳步增长，基本公共服务均等化的逐步实现，人们生活水平不断提高，人民群众对美好生活的需要也在日益增长，人们期盼有更好的教育、更稳定的工作、更满意的收入、更可靠的社会保障、更高水平的医疗卫生服务、更舒适的居住条件、更优美的环境、更丰富的精神文化生活。只将“腰包鼓起来”显然已经不能满足人们的愿望和需求。因此，必须将“不断满足人民日益增长的美好生活需要”作为党的使命，促进社会持续、协调发展，着力解决社会发展不平衡不充分的问题，从而实现人的全面发展、全体人民共同富裕才能取得更为明显的实质性进展。

◎●◎ 共同富裕基本实现

到21世纪中叶，我们的目标是“全体人民共同富裕基本实现，居民收入和实际消费水平差距缩小到合理区间”。

习近平总书记在党的十九届六中全会通过的《中共中央关于党的百年奋斗重大成就和历史经验的决议》中指出，“从二〇二〇年到二〇三五年基本实现社会主义现代化，从二〇三五年到本世纪中叶把我国建成社会主义现代化强国。到那时，我国物质文明、政治文明、精神文明、社会文明、生态文明将全面提升，实现国家治理体系和治理能力现代化，成为综合国力和国际影响力领先的国家，全体人民共同富裕基本实现，我国人民将享有更加幸福安康的生活”。

幸福安康通俗地讲，就是快乐、祥和、平安、健康，人们幸福安康的生活要求物质文明、政治文明、精神文明、社会文明、生态文明全面协调可持续的发展。届时，在物质文明方面，我国经济实力、科技实力、综合国力将大幅跃升，现代化经济体系已经建成，已然以昂扬的姿态屹立于世界民族之林；在政治文明方面，国家治理体系和治理能力现

■ 物质文明、政治文明、精神文明、社会文明、生态文明全面协调可持续发展

代化，法治国家、法治政府、法治社会也更加成熟和完善；在精神文明方面，教育事业发展走在世界前列，人们的思想道德素质、科学文化素质和身心健康素质较高，具有强烈的文化自信心和自豪感；在社会文明方面，社会将充满活力又和谐有序；在生态文明方面，绿色生产方式和生活方式蔚然成风，空气质量和水环境质量根本改善，土壤环境安全得到有效保障，山水林田湖草生态功能稳定恢复，蓝天白云、绿水青山成为常态。虽然“第三部曲”的实现离我们还有些遥远，但是我们有理由相信，在党的坚强领导下，经过全体中国人民的携手奋斗，人民群众将普遍过上高质量的美好生活，广大人民群众普遍都能感受得到实实在在的获得感、幸福感和安全感。

从“迈出坚实步伐”到“取得更为明显的实质性进展”，从“基本实现”到“全面实现”的过程是一项现实任务，但是它更是一个长期目标，等不得，也急不得。我们需要有耐心，实打实地将一件事一件事办好，久久为功，为实现共同富裕不断奋斗。

02 带你看看浙江共同富裕示范区

2021年5月20日，中共中央、国务院印发了《关于支持浙江高质量发展建设共同富裕示范区的意见》，支持浙江建立共同富裕示范区。相信大家和我一样好奇，这批共同富裕示范区究竟建设得怎么样？未来又该怎么建？会给哪些产业带来哪些机遇？现在我们就一起去看看其中的两个典型示范区吧！

浙江素有“八山一水一分田”的称号，地理位置优越，在历史上浙商也是华夏第一商帮。如今，浙江省民营经济依旧发达，是国内城乡区域发展最均衡、群众最富裕、社会活力最强、社会秩序最优的省份之一。在推进和实现共同富裕的过程中排在全国前列，探索出一条切实有效的共同富裕之路。

◎●◎ 绿色发展奔共富

但来到杭州市萧山区临浦镇横一村，你会发现这里的乡村不太一样。为了创建具有辨识度的未来乡村，横一村从一

只柿子入手，建设美丽环境、发展美丽经济，让村庄成为菜园、公园、学园、家园，实现“山水林田村”的价值再造，让八方来客在这里流连忘返，让村民在绿色中奔向共富。

乡村发展绿色生态

2018—2020年，横一村连续举办三届梅里[①]方柿节。方柿节期间，操着天南海北口音的网友，涌进这个小山村，在古柿林间拍照，在“如意柿界”“海柿山盟”和“一柿粮缘”打卡，萧山本土乐队“青柿子”走上了“乡村音乐嘉年华”的舞台。

除了柿子，横一村还以“Hi稻星球”为统一品牌，沿村庄3.5千米范围内打造景观带，围绕“稻田城市公园”主题，种植彩色创意水稻1000余亩，建成全区连片面积最大的高标准稻田，把千亩粮田打造成稻田休闲功能区、研学区、运动区等体验区块，例如如意小院、星空树屋等，让人们在美丽村庄中移步换景，从而实现了“卖粮食”到“卖体验”的转变。大力开发稻田的旅游休闲功能并没有影响横一村农业的发展，通过土地集中流转、大户规模经营、科技机械强农，横一村晚稻亩产突破1400斤，实现农业增产富、网红示范富和百姓创业富的有机统一。从卖柿子、卖大米到卖风景、卖文化，横一村在整个模式的设计中引进每一个商户、植入每一个业态的时候，都会考虑到村民的参与和收入。村民们通过积极参与村集体的发展，从村庄的各项产业中富了

① 梅里，是一个有2000多年历史的美丽村庄，由于当地产的柿子是方顶，俗称“方顶柿”。

稻田拍照

自己的口袋，也学习了致富的经验，富了脑袋。

同时，横一村还以信用积分服务为核心，打造了一个未来乡村数字的自成平台，通过平台将乡村治理的数字化、共享经济的数字化、农文旅的数字化进行整体把控。比如“临里驿”，将服务中心与驿站相融合，给村民提供方便快捷的服务，实现30分钟包配到户；还有“运动积分化”，村民们可以通过如意林道、登山骑行道、如意慢跑道等运动获取积分，然后可在指定商家使用积分兑换咖啡等产品。横一村通过未来乡村的建设真正撬动了共同富裕的杠杆，实现了“山水林田村”的价值再造，让村民在生态与科技中奔向共富。

◎●◎“无差别城乡”新样板

湖州市德清县，位于浙江北部，地理位置优越。生活在德清的乡村，你一定会对共同富裕有新的认识。进入新时代以来，德清县积极探索城乡均衡发展新路径，聚焦以人的获得感、幸福感、安全感为核心的“无差别城乡”，把城市和乡村作为一个整体统筹谋划，大力推进城乡风貌规划、产业布局、公共服务一体化发展，加快推动城乡融合共促。

在这里，村民户户是股东，家家有收益。例如，德清县上杨村以资源入股等形式参与山野度假区项目，增加村集体经营性收入150万元。在首次村民“分红”大会上，305户入股的村民每户获得2000元分红。同时，为切实增加村民收入，鼓励村民入股共同建设投资游客接待中心，每户村民入股2万元，年底分红不少于10%，2021年年底第一次分红，300余农户共分了60多万元。在德清，村民入股经营的模式不断扩大，每一位村民都在村庄集体发展中收获满满，2021年，德清城乡居民收入比缩小至1.61：1，位列浙江省前列。

在这里，乡村与城镇同样“智慧”。该县依托地理信息技术，构建了数字化的乡村地图，并且将关乎民生的各类基础设施都纳入物联感知网中，然后再利用乡村各个角落收集的数据建成数字化乡村模型。“数字乡村一张图”让村民实现数字养殖、危房监测、智慧养老、医疗健康等。在这里，公共服务一体均衡。德清县依托数字化应用，谋划打造出行、居住、消费等10余个跨城乡的公共服务应用场景，特别是率先试点建设“浙里智惠·基本公共服务”重大应用，为每个家庭提供11大类95小项无感服务①，让新老德清人、住在郊区和山里的人都能享受到无差别的公共服务政策。

相对于乡村而言，城市一般在财富创造、吸引人群、公共基础设施方面更具有优势。而经过多年的发展，在德清，一种特有现象正在发生：在以前，农村人奋斗一生，只为迁居城镇，并以此为荣；而现在，从户籍迁徙的数量上看，德清从城市迁往农村的人数略多于农村迁往城市的人数，这或许正说明了德清县在各方面都在接近城市的发展，德清的村

① 无感服务，是通过综合运用数据库等信息技术手段，加强各行政部门之间的协作联动，减少办事群众的麻烦。原本需要填表填单、各处投递、开具证明，而今在电子屏上滑动手指，在APP上刷下人脸，后台便会自动对比信息进行相关业务的办理。原本需要群众主动寻求帮助，而今则是服务精准找到个人。让群众无奔波劳顿之感，无冗余低效之感，更无困难、无门槛之感，此之谓无感服务。

上图：德清县图书馆

右图：德清县下渚湖湿地

民与城市中的居民在工作、收入、生活各方面的差距正在逐渐缩小。

03 现代版“富春山居图”

《富春山居图》是元代画家黄公望在浙江杭州富阳隐居时创作的旷世名作。作品描绘了富春江两岸的初秋景色，坡陀起伏，林峦深秀，笔墨纷披，苍茫简远，寄托着中国人对绿水青山、田园诗画生活的向往。

2018年9月21日，十九届中央政治局进行集体学习，主题是“实施乡村振兴战略”。会上，习近平总书记深刻地指出，“要科学把握乡村的差异性，因村制宜，精准施策，打造各具特色的现代版‘富春山居图’”。

美丽的乡村画卷

西裴村是距离河南省安阳市市区不远的一个村子，这里虽然环境优美，但七年前还是省级贫困村，人们的生活并不富裕，更谈不上美好。如今，这个偏僻、落后的行政村，却成了网红打卡地。

近些年，西裴村多方筹集资金，大力发展乡村休闲旅游、现代特色农业等。在旅游业方面，全村按照“仰韶文化街”“彩陶艺术街”“农耕文化街”等五大街区进行改造，并且通过“猪猪乐园”“农耕园”等休闲体验项目以及端午啤酒节、培训研学等活动，引入客流，带动田园餐厅、果蔬采摘、手工坊等多种门类的产业持续协调发展。在农业方面，西裴村成立了农道联众培训基地，对当地的农民展开培训，为他们讲授更先进的发展理念、更适合农村的方式方法，培养更多懂农村懂农民的乡村人才。2022年，西裴村已累计发起大小项目共17个，为该村的发展奠定了坚实的物质基础。

“大家富才是真的富”，西裴村在发展产业伊始就始终秉持这一理念。在发展产业时，该村的村民就以入股的形式参与村子的发展，成为了村子中各项产业的权利人，享受经济发展的红利。在分配端，该村建立了数字化分红系统，这样的数字化分红系统对外链接了社会资源和资本，对内链接了所有的小农户，所有收入都会公开、公平、公正、透明地通过二维码进入统一账户，不同的部门和产业都独立核算，各部门农民分别入股，根据入股股东会约定的比例收入即时到账。入股农民通过手机端就可以查看入股项目每天的收入，分红满100元可以提现。可以说，该村的村民足不出户，在家点点手机就能有收入，坐在家里就能当“老板”。

如今，这里的人们不仅物质生活富裕，精神生活充实，环境也变得更加美好。走在西裴文化街上，街道整洁，一排排农家小院错落有致，小院的墙上一幅幅精美的彩绘从眼前掠过，展现了仰韶时期的生活场景和中国历史的诸多典故。

新时代以来，农民朋友也学会了运用手机等电子产品

村南河畔，河中绿水潺潺，河边栈道亭台典雅幽静，好似步入了一幅美丽的乡村画卷，让人流连忘返。

◎●◎ 今日旧貌换新颜

“人说山西好风光，地肥水美五谷香。左手一指太行山，右手一指是吕梁。”你一定听过这支歌，但不一定知道，贾家庄村就是这首歌的发源地。吕梁山东麓的汾阳市贾家庄村，在很多年以前还是远近闻名的穷村。全村4083亩耕地，有2800多亩是湿泽盐碱地。当时流传一首民谣：“村西湿泽村东干，村南村北碱荒滩。春天返碱白茫茫，夏天雨涝水汪汪。村里只有三件宝：甜苣柳芽芦苇草。有女不嫁贾家庄，嫁到贾庄受恓惶[①]。”

盐碱地没有打败这里勤劳的村民，经过长达二十多年的治水改碱工程，他们硬是把2800多亩的盐碱地变成了适宜机械化耕作的沃土良田。随后，他们又自己动手研制农业机械，成为了全国农村发展的榜样。1978年改革开放的浪潮席卷全国，农村改革势在必行。贾家庄村摸着石头过河，根据

① 恓惶（xīhuáng），方言，形容人忙碌不安、悲伤的样子。

村子的实际情况，开创性地提出了“三田到户，五统一，一集中”的双层经营联产承包责任制，其中，“三田到户”就是将该村的自留田、口粮田、饲料田按人口平均分配，以户分散经营，保证了改善后的土地也具有集体性质。1986年，村干部们提出了“不当百万富翁，要建亿万富村”的口号，号召村干部、党员把自己的企业低价折给村集体，退出承包的土地，集中精力搞村级集体经营，共同富裕的旗帜在村中

上图：农业无人机在稻田喷洒肥料

左图：现代农业日光温室蔬菜生产

心高高地树立起来，共同富裕成为了这个村的信念和坚守。

党的十八大以来，贾家庄村深化改革不停步、扩大开放不动摇，推动文旅融合不断迈出新步伐，取得新成就。贾家庄村顺应时代发展的潮流，积极转变发展方向，形成了以农耕文化、绿色农业、太阳能光伏发电为主的第一产业，以建材业、酿酒业、玻璃制品业、彩印包装业为主的第二产业，解决数万人的就业。在精神生活方面，贾家庄村将原先废弃的水泥厂成功转型为文化创意园，打造了贾樟柯艺术中心，开设了种子影院、艺术中心等，复建了作家村，还开办了国际电影短片周、吕梁文学季等一系列文化活动，极大地丰富了村民的精神生活。除此之外，贾家庄村还特别注重对村民集体荣誉感的培养，弘扬以道德治家、以文明立家、以和谐兴家的发展理念，因此，他们数十年雷打不动持续开展“家庭细胞工程”，以每户累计考核积分多少来分配和发放奖励。

为了让贾家庄人享受到集体经济发展壮大的成果，在每年春节、乡村文化旅游节和中秋节，村子还会发放福利奖励，贾家庄村每年在这方面的支出达到了五六百万元。与此同时，当地还大力改善民生，开展供热、污水管网改造、厕所革命、垃圾分类、环境整治等多个项目，免费为全村村民安装清洁环保的天然气，成立老年日间照料活动中心，改造升级中学，推进基础教育发展，创办12年一贯制新式学校，不断发展壮大着希望的火苗。可以说，贾家庄村用数十年如一日的精神坚守着共同富裕的阵地，这是贾家庄人一路走来坚定不移的选择。

人们对美好生活的追求，从来没有中断，所以古有“大同”，今有“共同富裕”。然而，不管是“大同”，还是“共同富裕”，都等不来，靠不来，也要不来，只能从汗水中浇灌出来。就像习近平总书记深刻指出的那样：“为了不断满足人民群众对美好生活的需要，我们就要不断制定新的阶段性目标，一步一个脚印沿着正确的道路往前走。”只要持续探索、稳中求进，全体人民共同富裕的目标一定能够实现，共同富裕的美好图景一定会在更高质量、更有效率、更加公平、更可持续发展中绘就！

后记

《共同的富裕》是“新时代讲给少年听”之一册，向青少年朋友主要讲述新时代以来，以习近平同志为核心的党中央扎实推进共同富裕提出的一系列新理念、新思想和新战略，特别是这十余年来我国共同富裕建设所取得的历史性成就。为了更好地讲好新思想、新发展和新成就，培养当代青少年的使命感和担当意识，本书在编写过程中着重把握好以下几点：

首先，针对青少年朋友的阅读和认知特点，本书从语言文字、结构设计等，都尽可能做到深入浅出、通俗易懂。其次，在内容编排上本书突出了新时代以来我国经济建设及共同富裕所取得的伟大成就，涉及脱贫攻坚和全面小康、乡村振兴和城乡发展等一系列重要话题。再次，本书紧扣培根铸魂、培育时代新人这一主题，向青少年讲好新时代共同富裕的故事，展现新时代中国经济社会发展取得的伟大成就，描绘民族伟大复兴的发展蓝图。

本书编写过程中，得到了北京师范大学马克思主义学院部分研究生同学的协助，在此表示衷心感谢！此外，感谢丛书总策划王炳林教授及大象出版社相关负责同志的指导和建议，感谢冯留建教授不辞辛苦地组织和协调，尤为感谢本书责任编辑司雯老师的辛勤付出！

王晓广

图书在版编目(CIP)数据

共同的富裕 / 王晓广编著. — 郑州：大象出版社，2023. 10
(新时代讲给少年听 / 王炳林主编)
ISBN 978-7-5711-1866-2

Ⅰ. ①共… Ⅱ. ①王… Ⅲ. ①爱国主义教育-中国-少年读物 Ⅳ. ①D647-49

中国国家版本馆 CIP 数据核字(2023)第 185046 号

新时代讲给少年听

共同的富裕

GONGTONG DE FUYU

王炳林 主编

王晓广 编著

出 版 人 汪林中
丛书顾问 王承哲 闫德亮
策　　划 张桂枝 孟建华
项目统筹 丁子涵
责任编辑 司 雯
责任校对 乔 瑞
美术编辑 王晶晶
装帧设计 谢俊平

出版发行 大象出版社(郑州市郑东新区祥盛街 27 号 邮政编码 450016)
发行科 0371-63863551 总编室 0371-65597936
网　　址 www.daxiang.cn
印　　刷 河南瑞之光印刷股份有限公司
经　　销 各地新华书店经销
开　　本 890 mm×1240 mm 1/32
印　　张 6
字　　数 96 千字
版　　次 2023 年 10 月第 1 版 2023 年 10 月第 1 次印刷
定　　价 28.00 元

印厂地址 武陟县产业集聚区东区(詹店镇)泰安路与昌平路交叉口
邮政编码 454950 电话 0371-63956290